数字化飞轮

成就用户，实现企业指数级增长

李践 著

中信出版集团 | 北京

图书在版编目（CIP）数据

数字化飞轮：成就用户，实现企业指数级增长 / 李践著 . -- 北京：中信出版社，2022.7
ISBN 978-7-5217-4492-7

Ⅰ . ①数… Ⅱ . ①李… Ⅲ . ①数字技术－应用－企业管理－研究 Ⅳ . ① F272.7

中国版本图书馆 CIP 数据核字（2022）第 108758 号

数字化飞轮——成就用户，实现企业指数级增长
著者：　　李践
出版发行：中信出版集团股份有限公司
（北京市朝阳区惠新东街甲 4 号富盛大厦 2 座　邮编　100029）
承印者：嘉业印刷（天津）有限公司

开本：880mm×1230mm　1/32　　印张：8.5　　字数：156 千字
版次：2022 年 7 月第 1 版　　印次：2022 年 7 月第 1 次印刷
书号：ISBN 978–7–5217–4492–7
定价：69.00 元

目录

第 4 章
迭代飞轮：开机即关机

前言　成就用户，提升100倍用户价值

近三年来，在经历了频繁的“居家办公”模式后，越来越多的企业经营者就一个观点达成了强烈的共识——**未来所有成功的企业都必将是数字化企业**。

消费互联网的余声犹在，数字化的浪潮便已扑面而来。即使再“佛系”的企业经营者，即使再固若金汤的行业，也能从时代的脉搏中感受到数字化的气息。企业经营者、创业者、管理者共同的口头禅是“数字化”。然而，对于数字化，各路人马的理解又各有不同。作为一个企业家，一家教育企业的创始

人、经营者，我非常欣喜地看到，远见卓识并具有危机意识的企业经营者，都在积极思考和探索自己领导的企业如何做数字化转型。

在我与他们交流“数字化”的过程中，大家的讨论常常聚焦在几个非常基础的问题上：

- 企业为什么要做数字化？是否非做不可？
- 什么是数字化？听起来就很难。
- 如何做数字化？不做数字化，企业会“死”；做不好，企业“死”得更快。

为什么要做数字化

企业为什么要做数字化？我想结合自身企业的实践来说。

行动教育是一家教育行业的上市企业，于2006年春天成立，到2022年，行动教育已经位居国内教育机构前三。行动教育的成功是多方面的，有很多标签，比如企业家的实效商学院、独特的企业文化、独特的营销模式等。

时代的一粒灰，落在每个人的头上，都是一座山。尽管行动教育如今取得了还算不错的成绩，但也经历了时代带来的挑战，也面临过许多艰难的时刻，这些挑战和艰难的时刻可能是很多企业正在经历的。让我们把时间的镜头拉回到某些特殊的时刻。

2006 年，行动教育在上海创立。当时行动教育锁定的市场就是企业家实效教育，主打产品是由我主讲的“赢利模式”课程。由于课程口碑不错，行动教育很快就迎来快速发展期，2006 年营收达到了 5 000 万元，2007 年业绩翻了一番，做到了 1 亿元的规模……

5 年后，市场环境发生了改变。行业中有一位强劲的竞争对手改变了自己的营销方式，将客户发展为代理商，并在行业内大打“价格战”。这一市场竞争方式影响了行动教育的业绩。到那一年的年底，我们突然发现，虽然企业还是有 2 亿多元的营收，但相比前一年，增长几乎停滞了。

时间来到 2013 年，这时行动教育的业绩越来越差，出现了企业发展史上唯一的一次亏损。这次亏损就像一面“照妖镜”，“照”出了企业的各种问题。

一是企业内部管理混乱。在创业之初，行动教育将大量股权分给了当时的总经理和两位副总经理，再加上之前行动教育对授课导师做了股权激励，导致企业股权非常分散，这给企业的发展埋下了各种“地雷”。随着企业的业绩每况愈下，企业内部人心开始涣散，总经理和副总经理离开了行动教育，另立山头，并带走了大量的团队、客户、产品，成了行动教育的竞争对手。彼时的行动教育面临着破产和清算，为了保住企业，我卖掉了自己的房子，溢价回购了其他三位大股东的股份。由于企业面临严重亏损，公司内部连员工的工资都发不出来，为了维持企业的运营，我自掏腰包弥补企业的亏空，给员工发工资。这时，客户和代理商也开始退款，客户大量流失，企业人均效能十分低下，整个集团 1 600 多名员工只创造了 2 亿多元的营收。

二是企业外部环境发生变化。商业环境从过去的产品时代走向用户时代，但很多企业还不理解用户时代的逻辑。在用户时代，用户不再被动接受产品，而是用户需要什么产品，企业就要按照其个性需求生产什么产品。企业的一切都是围绕用户的需求做文章，产品的功能是基础，然后企业要做的是利用现代技术赋能产品，提高产品附加价值，再通过服务将价值最大化，从而提升用户价值，成就用户。当商业环境发生变化时，如果企业还用以前的那套“打法”来“打仗”，那么肯定是打不赢的，也不能走得长远。

看着企业面临的内部和外部挑战，在 2013 年的年会上，我在台上泣不成声，当时内心感慨万千：我们的企业怎么会走到这一步？

企业经营者要做难而正确的事。当企业面对“内忧外患”时，我开始深度思考：如何让公司转危为安，做正确的事，实现可持续发展?

是的，遭遇“内忧外患”的企业不只是行动教育一家。不管是10年前，还是现在，许多企业不断出现经营问题，尤其是在近两年内，疫情加速了企业业绩下滑，“退市”“裁员”等关键词频频爆出。总结起来，这些企业都有一些共同特点：没有找到正确的事，没有积极拥抱变化，死守过去的成功不放。

在低迷的现实下，从2013年起，我们开始为企业谋求出路。这时,“数字化”进入了我们的视野。我们发现许多新商业、新势力在快速崛起，它们积极拥抱数字化，开拓崭新的局面。

以下是一些企业以新的方式利用数字技术，改变和颠覆行业的例子。

媒体正逐步启用拥有学习和自然语言处理能力的机器人记者，负责体育类新闻的撰写，这大幅提升了部分新闻工作的出稿效率。

制造企业将AI（人工智能）、3D（三维）打印等数字技术和共享经济应用至各个环节，着手创建、管理定制的设备部件。

房地产企业对相关地产权益的记录、追踪和转移，正在由区块链技术提供强势助力。

酒店安排机器人在礼宾服务台迎宾，而这些存储着海量信息的机器人，不仅可以为用户提供专业、贴心的基础入住服务，还能为用户提供当地餐饮、交通、旅游景点的建议和答疑。

餐厅用智能点单系统供用户点单、评价。

…………

所以大家看到了吗？数字技术是一直存在的，它存在于我们生活的点点滴滴，而且在不断发展。只是我们没有发现它，没有使用它，更没有把它应用到我们的企业管理。

看透这一点的我们犹如抓住了一根“救命稻草”，马上决策：企业要做数字化转型升级。熬过了最艰难的一年，坚持以用户为中心的行动教育“重生”了。在培训行业一片哀号的情况下，行动教育以每年增长 100% 的速度逆势突围。而今天，回望当年那些叱咤行业的“风云人物”，他们早已经消失得无影无踪。数字化转型升级不仅帮助我们解决了企业管理混乱的问题，还帮助我们提升了用户价值，取得了一个个卓越的成绩。

数字化企业，表面看起来是时代发展的偶然产物。事实上，数字化是企业发展的必然，是不得不做的“难而正确”的事。

企业为什么要进行数字化转型？相信不少企业经营者都思考过这个问题，希望从中找到答案。但我们更应该换一种方式来问自己：如果企业不做数字化，那么会面临什么样的局面？企业会不会因为传统低效的管理方式和无法成就用户而被时代抛弃，最终出局？

逆水行舟，不进则退。企业要不要做数字化？答案非常坚定：要做，而且是马上做。种一棵树最好的时间是10年前，其次是现在。

什么是数字化

对于什么是数字化，各行各业没有统一的定义。大多数的数字化专家都把数字化说得神乎其神，让很多企业家从心理上就觉得数字化很难，这也是很多企业，特别是中小企业对数字化望而却步的重要原因。

事实上，数字化很好理解。我们去饭馆吃饭，拿手机扫描一下二维码就能下单，这就是数字化；我们上下班用钉钉打卡，这也是数字化……数字化应用到企业管理，就是让企业经营者、管理者从语文思维转变到数学思维，从感性到理性，用数据来做决策、做管理、做流程、做产品、做服务。

是的，数字化就是这么简单。我们不要把数字化想象成一种高科技，也不要认为企业做数字化就是要找很多IT（信息技术）人员做系统。和我们使用其他管理工具一样，数字化就是我们成就用户、提升用户价值的工具。

结合企业的实践，我认为数字化主要有三大特征。

特征一：数字化，让商业决策更精准。

企业的数字化就是对企业里的各种行为进行记录与跟踪，

将其转化成精确的可视化数据，让企业经营者可以精准地做出决策，让决策更科学。在企业没有做数字化时，大多数企业经营者是凭感觉、靠经验做决策的，至于这个决策是对还是错，不知道，只能根据最后的结果来判断。在企业做了数字化以后，企业经营者可以根据数字化财务、数字化营销、数字化人才资源等进行精准决策，比如什么产品该做，什么产品不该做；什么客户要做，什么客户不该做；招什么样的人，不该招什么样的人……

特征二：数字化，让企业管理更高效。

数字化企业是通过数字化软件，实现企业的业务在线、组织在线。企业从手工模式转变为在线自动化模式，使企业的业务流与数据流实现同步和共生，推动以用户为中心的全业务从线下走向线上，通过数字化打通线下线上，实现组织的 24 小时在线服务。数字化企业的信息化、在线化、共享化、智能化等可以提高企业的经营效率，使内部协同更加流畅，沟通更加简单高效。

特征三：数字化，让用户体验更智能。

企业智能是建立在大数据和 AI 基础上的运营全面智能化，是企业具备“共享”“在线”特征之后的延伸，是企业数字化的高阶目标。企业在智能上的应用是 AI、机器学习、视觉感知等新技术对业务流程进行少人化、智能化等替代，实现技术与业务场景深度融合，为企业在效率提升、成本降低、作业安全、用户服务满意方面创造价值。

综上所述，具备决策精准化、管理高效化、体验智能化这三大关键特征的企业，就可以被称为“数字化企业”。企业经营者一定要认清一个本质：企业不是为了数字化而做数字化，企业做数字化的目的是成就用户。所以，企业在做数字化时，要以终为始，从用户出发，从最关键的需求出发，不要本末倒置。

此时，我们再来回答第二个问题：什么是数字化？数字化就是把“语文思维”的管理，变成“数字化思维”的管理。它并不难，因为没有哪一个企业的数字化转型，是企业家、创始人亲自去研发数字化技术，去码代码的。企业做数字化的终点是成就用户，提升 100 倍用户价值。

作为企业经营者、管理者，我们要从管理的维度去理解数字化，不要去学习很多技术上的数字化，否则会把自己绕进去，认为它很难。

如何做：数字化飞轮模型

企业如何做数字化？

起心动念：成就用户，提升 100 倍用户价值

企业的数字化是一件很复杂的“活儿”，而把一件复杂的事情简单化并不容易。行动教育的治学理念是，大道至简，行胜于言。我们一直在反复思考一个问题：有没有一套简单实用、能够举一反三的模型可以指导企业的数字化转型？

很多企业在做数字化时，看了很多书，找了行业内出名的 IT 专家，花了大量的人力、物力和财力，结果企业的数字化做得一塌糊涂，企业经营者落下一个“人傻钱多”的名声（这样的场景我们也遇到过）。更致命的是，企业因此错过了转瞬即逝的发展机会。

为什么会发生这样的情况呢？究其根本，我们做数字化的起心动念就是错的。试问：企业为什么要做数字化？是为了利润增长，还是为了实现企业的可持续发展？

诚然，做企业要追求利润和可持续发展，企业只有赚了钱，才能存活下来。但企业仅仅为了赚钱，也不是好的企业，同时企业也做不长久。事实上，企业为什么要做数字化与为什么要做企业是共通的。如果一个企业经营者只想成为腰缠万贯的商人，那么他领导的企业最后可能会成为一家追求利润至上的企业。用稻盛和夫的话来说就是“公司的规模超不出经营者的器量”。

在“心、道、德、事”四部曲中，“心”是“道”的源泉，

“道”是“德”的根本，“德”是“事”的根源。“心”是一切的源泉。“心”体现在起心动念上，起心动念决定了我们的意识、语言和身行，这些又决定了我们做的事。

所以，我们在做数字化的起心动念上要以成就用户为中心，心里时时刻刻想着成就用户，提升用户价值。试想一下，如果我们自己是用户，当我们面对着一位服务者或一家企业在起心动念上都想对我们好，我们会拒绝吗？心是有能量的，以用户心为心，我们就能获得做数字化的能量。

企业做数字化不是企业想成为谁，而是时刻想着用户想成为谁。回想当初，我们在思考做数字化的终点时，即使当时企业已经处于四分五裂的状况，我们还是把做数字化的终点放在成就用户上。

从 2013 年开始，行动教育在成就用户的起心动念下吹响了数字化的号角，开启了企业的数字化转型之路。在数字化建设上，我们奉行“中庸之道”，对于有关数字化的道与术，取长补短，结合企业实际情况进行优化；在管理哲学上，我们坚持以终为始。经过近 10 年的持续实践，行动教育成功完成了一系列管理变革、业务流程重整和数字化转型工程，卓有成效地提升了用户价值，成就了用户，同时提升了企业的管理优势，全面搭建了企业有效增长的发展格局。

“数字化飞轮模型”：循环往复，生生不息

基于此，结合我们近10年（虽然不算太长）的实践、研究，我们总结出了企业做数字化的模型——数字化飞轮模型，如图0–1所示。

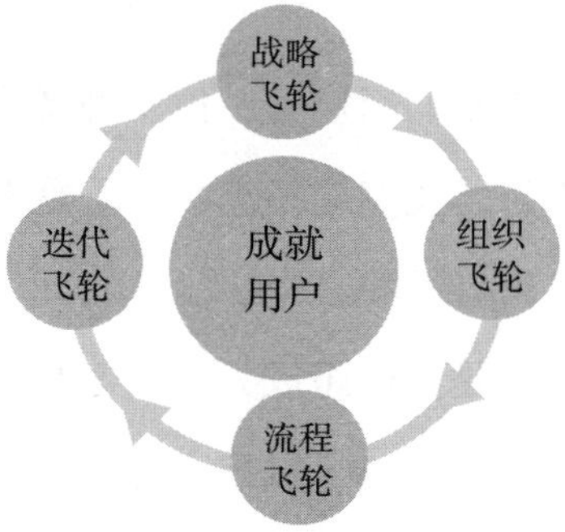

图0–1　数字化飞轮模型

为了总结出“数字化飞轮模型”，我和行动教育的高管、管理者、各业务员工进行了大量的沟通、分析，过程中有争辩，也有严谨的思考。哪一个“轮子”是企业必须要的？企业必须首先转动哪个“轮子”？“数字化飞轮”如何完成自循环？企业能否明白各个“轮子”的关键点……渐渐地，整个“数字化飞轮模型”越发清晰。这个过程给我们的感觉就像下棋一样，在最后落子的那一刻，神清气爽。在构建出“数字化飞轮模型”后，我们着实兴奋了一阵，正如我们当初发现行动教育可以通过实效教育帮助1 000万名企业家成功，改变世界那样兴奋。

下面，让我们一起来关注一下“数字化飞轮模型”转动的逻辑，这将是企业做数字化的思维逻辑和方法论。

“数字化飞轮模型”的“四个轮子”分别是战略飞轮、组织飞轮、流程飞轮和迭代飞轮。

企业要转动的第一个轮子是“战略飞轮”。数字化战略是企业做数字化的方向。数字化飞轮最难的是启动，企业要避免刚开始做数字化时像无头苍蝇一样四处碰壁。企业的数字化一定要上升到战略高度，要宣告一个伟大的用户愿景，并且把这个愿景从上到下传递给企业全员。企业要将数字化转型从领导想做、个别部门要做，变成企业必须做、大家一起做的共同战略。“战略飞轮”解决的是“企业为什么要成就用户”的问题。

企业要转动的第二个轮子是“组织飞轮”。有了战略，企业要搭建用户型组织，做到人、财、物、销的匹配，解决“谁来成就用户”的问题。如果企业空有正确的数字化战略，却没有与之相匹配的组织能力，那么最后的结果只能是“赔了夫人又折兵”。企业经营者要通过数字化战略进行组织变革，使组织的思想统一，通过组织让数字化飞轮有执行者。任何一家数字化企业的成功，一定都缘于组织的成功。

企业要转动的第三个轮子是“流程飞轮”。通过战略飞轮、组织飞轮，企业有了数字化战略和数字化组织，接下来就要开始落地战略了。那么战略要“落”在哪里？答案是“落”在流程上，通过流程落地数字化的具体动作。“流程飞轮”解决了“如何成就用户”的问题。

企业要转动的第四个轮子是“迭代飞轮”。在企业通过前面三个“轮子”实现数字化后，是否意味着我们可以高枕无忧了，可以躺在数字化的“功劳簿”上“数钱”了？当然不是。企业的每一次变革、转型都不是一次压轧成型的，比拼的是自我迭代的速度。企业的数字化是一个渐进式、螺旋式上升的过程，需要不断地迭代，一个台阶一个台阶地上升，才能不断地提升用户价值，不断地成就用户。同时，由于新技术也在不断发展，今天处于数字化第一的领先企业，明天也可能成为数字化落后的企业，数字化企业需要持续迭代和优化升级。“迭代飞轮”解决了“怎样持续成就用户”的问题。

企业要以“成就用户”为中心转动整个数字化飞轮。我们都知道，轮子要绕着中心轴转动，“数字化飞轮模型”也是如此。企业做数字化是为了成就用户，以终为始，所以“数字化飞轮模型”的中心也就是成就用户，企业的战略、组织、流程都要以用户为中心。任何脱离以用户为中心的数字化，都不会成功。即使成功了，其也不会长久。

“数字化飞轮模型”的思维逻辑：以终为始

以终为始是一种思维方式。“终”是指商业的终极目标，做企业的终极目标。那么商业的终极目标和企业的终极目标是什么？是成就用户。“以终为始”是说终点就是起点，企业做数字化的终点是成就用户，那么企业刚开始做数字化时就要以成就用户为中心，起点就是终点。

现实中，很多企业在做数字化时，容易跳进具体的问题里走不出来。很多企业在做数字化的过程中，做着做着就进行不下去了。为什么？原因是多方面的，可能是暂时没有看到效果，也可能是企业管理者认为花费了很大的人力、物力……但如果我们从以终为始的角度来思考问题，就会发现这些问题都不是问题了。我们可以思考我们做数字化是为了成就用户，成就用户是我们做数字化最终的样子，当我们认清了方向，再来看现在的问题，就会发现这些问题都是很好解决的。稻盛和夫曾说过：“如果你明确了自己的方向，整个世界都会为你让路。”

以终为始可以确保我们始终做难而正确的事。它是从结果倒推出的行动方案，是为达到这一结果而做出的科学选择，当然也是正确的选择。因此，以终为始的思维模式可以确保我们做难而正确的事情。同时，在以终为始的思维模式下，我们所进行的一切工作都是针对结果开展的，策略方案都是最直接、最有效的，能够达到事半功倍的效果。因此，工作效率会大大提高。

以终为始的思维逻辑，看似很简单，实质需要我们不断地对自己进行“灵魂拷问”：“为什么这么做？”“我们做的这个动作能够解决用户什么问题？”……一层层剥开事物的表象，直到看到里面的本质，从而找到问题产生的根本原因。

以上就是“数字化飞轮模型”的基本逻辑，也是这本书的主要内容。一个企业在从优秀到卓越的数字化转型中，没有幸运的突变，也没有奇迹的瞬间。在刚开始推动整个数字化飞轮时，它是沉重的、巨大的，企业使劲地推动飞轮前进了一步，接着持续不断地努力，通过战略、组织、流程，终于让企业的数字化飞轮转动了完整的一圈。接下来，企业继续迭代、升级，让飞轮转动得快一些、久一些，3 圈、6 圈、10 圈……当企业的数字化飞轮积蓄了动力，它就开始自循环、自动运行，20 圈、100 圈、1 000 圈……循环往复，生生不息。

当然，我们要说明的是，任何模型、方法论都无法涵盖企业所有的情况。我们的企业在实践整个“数字化飞轮模型”时虽然取得了不错的成绩，但肯定也有不足之处。企业在运用“数字化飞轮模型”时，需要根据企业自身的情况优化、调整。碰到问题时，不僵化、不放弃，信奉长期主义，就没有过不了的难关。

前言到尾声，我们还要强调：做企业也好，做数字化也好，我们在起心动念上就要以成就用户为中心，只有用户成功了，企业才会成功。成就用户是“因”，成就自己是“果”。种善因，结好果。我们要在因上努力，果上反省。

企业与时代同频，思想与物性齐飞。数字化转型，说到底是一场企业管理的变革。期待每一个企业都能在阅读中找到触动数字化管理灵性的开关，从中凝练与顿悟，转动自己的数字化飞轮，成就用户，提升 100 倍用户价值。

李践

2022 年春天

第1章

战略飞轮：宣告一个伟大的用户愿景

企业要转动的第一个轮子是“战略飞轮”。“战略飞轮”解决的是“企业为什么要成就用户”的问题。企业要宣告一个伟大的用户愿景，提升 100 倍用户价值，建立数字化转型的共同目标和共享愿景，将数字化转型从领导想做、个别部门要做，变成企业必须做、大家一起做的共同战略。

做难而正确的事

“做难而正确的事”，是我们常说的一句话。

企业经营者要做正确的事，这听上去就是一句废话，谁会故意去做“错误”的事呢？道理如此，难在两点。

- 如何找到“正确”的事？
- 真正做到“正确”的事很难，如何做到？

一种情况是我们确实不知道什么是正确的事，因而没法做到正确的事；另一种情况是，我们清楚知道什么是“正确的事”，认知上没问题，但因为种种困难，我们很难把正确的事做好。我们要投入更多的时间、精力和成本，要承受经济学意义上的“机会成本”的代价，可这个代价恰恰是我们短期内无法投入或承受的。

例如，日常生活中我们都明白运动能让身体健康，正确的事是运动起来。但我们的工作太忙，企业有太多的事需要我们去做，加上我们不愿承担运动带来的短期痛苦，所以我们放弃运动，去挑容易的、短期内可以看到回报的事情做。这是人的本性，放弃正确的事，做容易的事。

做了错误的事，越是“正确”地去做，企业“死”得越快。企业要做正确的事，而不是容易的事。扬汤止沸，不如釜底抽薪。我们先来解决第一个问题，对现在的企业来说，什么是“正确”的事？

正确的事（方向）确实很多，找出其中的“一”是关键。这个“一”就是数字化。我们在前面分享了 2013 年行动教育做企业数字化转型时的情况，以及我们看到的现状：新进入者和传统企业正在以新的方式利用数字化，并以更好的运营效率、价值主张、产品、客户体验和参与模式进入市场。这一切都在告诉我们：数字化转型迫在眉睫。摆在我们面前的只有两条路：一条是不转，等“死”；另一条是转型，转不好，找“死”。

大家看到了吗？关于数字化，现在已经不是我们想不想转的问题了，而是内部和外部趋势倒逼企业转型。所以，彼时的我们毅然决然地进行数字化转型，把数字化作为企业的一次管理变革，一次战略性升级。

后来的事实证明，行动教育通过“数字化”这个抓手，成就了用户，提升了100倍用户价值，这也从另一个方面证明数字化是正确的事。

第二个问题是解决“难”的问题。

做正确的事情，意味着我们要直面困难。如果我们能轻易完成某件事，那么这件事一定还有更多的人也能完成，因此我们在这件事上没有任何竞争力。做一件难而正确的事情，坚持做，一直做，做到最后，我们就成功了。做难而正确的事，企业经营者要有长期主义，要有“坐冷板凳”的毅力——既要仰望星空，又要脚踏实地。

数字化的“难”，“难”在两个维度。

第一个维度：“难”在坚持。世界上有两种人，一种是造房子的人，他们重绩效、强经营；另一种是规划城市的人，他们一定是拥有底层思维的长期主义者。企业经营者要成为长期主义者——抗击打、长续航，对目标和使命坚定。

第二个维度：“难”在方法。即企业不知道该如何做数字化，没有方法，没有逻辑，找不到方向。

如果说世界上的事情可以划分为正确的、错误的和太难的三类，我们会选择做哪类？查理·芒格的建议是，一定要做正确的事，剩下的事不用做。

我们在企业最难的时候，选择了做难而正确的事，这就是战略思维。数字化一定要上升到战略层面，它是一种战略思维。

以用户为中心

2021 年，我们在向企业经营者分享行动教育数字化的历程和方法时，发现了一个很有意思的现象：很多经营者之所以走进行动教育，学习“数字化飞轮”，初衷是想找到提升企业效率和让企业得到增长的具体方法。在他们看来，企业做数字化之所以徘徊不前，是因为员工不会运用数字化技术。

追根究底，他们更大的问题不在于找不到正确答案，而在于压根没有提出正确的问题。员工不会运用数字化是结果，是表象，并非真正的因。

真正的“因”是什么？数字化最大的问题不是出在战术能力上，而在于经营者数字化战略思维的缺失。

战略决定企业成败，同样地，数字化战略决定企业数字化的成败，这也是我们把“战略飞轮”放在第一位的原因所在。很多企业之所以在数字化上陷入“苦战”，大多都缘于一开始战略决策的错误。战略是方向，是导航，经营者自己都不知道方向在哪里，员工当然会像一只“无头苍蝇”，执行力越强，企业反而“死”得越快。这也解释了企业做数字化转型“转不好，找‘死’”的原因。

如何判断企业经营者是否有数字化战略思维？

普通人的思维方式以始为终，站在现在看未来。有数字化战略思维的人是以终为始，站在未来看现在。在数字化战略这个问题上，经营者大多会犯两种典型的错误：

- 没有战略
- 战略错误

没有战略

很多企业经营者在做数字化转型时，是因为看到数字化很火，大家都在做，然后就开始大张旗鼓地做数字化。今年数字化火做数字化，明年元宇宙火可能也会去做元宇宙。我们会发现这样的经营者永远都在抓“风口”，属于典型的机会导向。我们常常听到他们说：“干就完了！想什么战略？”

经营者以这种想法做数字化大多不能成功，即使成功了，也是侥幸，因为他们没有战略。战略是什么？战略是企业从A点到B点，A点是现在，B点是企业未来的样子。这就好比

GPS（全球定位系统），只有在确定了目的地后，我们才能找出到达目的地的导航路线。企业没有战略，也就没有B点，所有人的动作都没有靶心，每个人都会围着A点绕圈圈，只知道要做数字化，却连把数字化做成什么样子，达到什么目标，都不清楚。

数字化没有战略就会“乱”，“乱”带来的结果就是投入大、成果小。

从我们的培训和咨询经验来看，有相当大一部分中小企业的数字化是“死”于战略缺失的，也就是没有数字化战略飞轮。经营者自己没有想清楚企业的B点在哪里，这样在做数字化转型升级时只是疲于应付企业当前冒出来的问题，比如人的问题、钱的问题。对于战略问题，经营者既没有意识去想，也没有能力去想。

战略错误

我们在服务15万家企业的过程中，还发现一部分企业经营者知道要把数字化上升到战略层面，也制定了数字化战略，但对数字化战略理解有误。

有的企业经营者认为数字化就是IT部门的事；有的企业经营者在制定数字化战略时，把企业现在的文化、战略与数字化融合在一起；有的企业经营者在制定数字化战略时以企业的增长为中心……

什么是数字化战略？

准确地说，数字化战略应该是“数字化 + 战略”，它是指企业从 A 点到 B 点，A 点是现在，B 点是企业在 10 年、20 年内通过战略性地使用数字化来成就用户。

数字化战略的定义有三层意思。

第一层：数字化战略不是 IT 战略。数字化是业务问题，必须深入所有业务、所有部门，科技即业务，业务即科技，科技是业务创新的引擎，而不是传统意义上的科技支撑业务。换言之，数字化战略是科技战略，科技成就用户。

第二层：数字化战略不是融合。“融合”会变成两件事，A 和 B 合在一起才叫“融合”。数字化是一件事，它本来就是数字化战略、数字化管理、数字化业务管理等。

第三层：数字化战略以用户为中心。不管是战略飞轮，还是组织飞轮、流程飞轮和迭代飞轮，数字化的核心就是两个字——用户，数字化的终点是成就用户。

数字化战略是企业级战略，位于企业顶层，是难而正确的事。好的数字化战略具有三个特点：一是成就用户；二是能为企业降本增效，提高管理效率；三是让决策更高效、更精准。

经营者在做数字化时，可以实事求是地问自己三个问题。

第一个问题：企业数字化可以不做吗？

经营者在回答这个问题时，可以反向思考：如果我们不做，那么会有什么样的后果？10年、20年后企业还需要数字化吗？如果我们的答案是不做数字化，企业就无法生存下去，因为10年、20年后，企业还需要数字化来成就用户，来做迭代和精准决策，那么企业的数字化一定要做。

第二个问题：推行数字化的结果是什么？

企业经营者在回答这个问题时，要以终为始，思考企业的终点在哪里，也就是企业进行数字化转型升级10年、20年后想要的结果是什么。

第三个问题：企业数字化关联到哪些人？

如果企业数字化关联到全员，那么就全员动员；如果企业数字化只关联局部，那么就要局部动员。关联到哪些人，我们就要让哪些人达成战略共识。

目标的目标

什么是目标的目标

在行动教育的课堂上，当我们询问企业经营者：企业的数字化战略目标是什么？大多数情况下，我们会得到两个答案——成为××领域的第一名；利润或业绩增长到××数额。

这是目标导向。如果企业经营者以“我们要成为谁”为目标的话，就会很难。原因是其没有找到根因。增长不是我们制订战略目标就能让企业实现增长，增长首先来自用户的增长，再具体一点儿，来自新用户和大用户的增长。用户的增长来自我们的价值创新，我们为用户提供了有价值的、差异化的服务等。

这意味着我们在设定数字化战略目标时，还要向前再走一步，甚至向前走三步——找到目标背后的目标，目标的目标。其中，第一个目标是增长，第二个目标是用户，第三个目标是用户的价值增长。

如何让用户的价值实现增长？我们要创新产品，死磕技术，不断迭代，要通过数字化创造奇迹，做到与众不同，做到不可替代。

只有做到了让用户的价值增长，成就用户，企业才会实现增长。所以，“目标的目标”是指追根究底，找到目标背后的规律和本质，然后基于目标背后的规律和本质，把事情做到位，只有这样做，企业才能实现目标。

用户成为谁

我们在与诸多企业经营者交流的过程中，发现不同的经营者在思维上存在很大的差异。一类经营者问得最多的两个问题是：你的企业有多少人？做数字化转型升级后业绩增长了多少？另一类经营者问得最多的两个问题是：你的企业有多少用户？数字化转型升级后为用户创造了多少倍的价值？

这两类经营者的关注点完全不同。一类经营者关注的是自己，另一类经营者关注的是用户和用户价值。

在行动教育的数字化实践中，我们发现一个铁律：一家企业的数字化能否成功，能走多远，往往与经营者的起心动念息息相关。一个起心动念皆是自己的企业，注定无法成功。企业的数字化战略的立场不同，经营观念和经营方式一定有所不同，所造成的“果”也就不同。

所以，经营者在设定战略目标时，要想清楚目标的立场问题——不是我们想成为谁，而是用户成为谁。我们要考虑目标的目标——用户成为谁，然后帮助用户成为谁，最后我们才能成为谁。

成人方能达己，这是商业的本质。我们要成为谁，先要为用户创造非凡价值，成就用户。无论什么样的数字化战略，都要回到终点——成就用户。

“目标的目标”是商业的本质和规律，很多时候企业经营者都是以自我为中心，以自己的目标为导向，比如要增长、要成为谁，但最后往往实现不了。这是因为经营者没有找到背后的根因，背后的根因就是成就用户。用户成功了，我们才会实现目标，才会成功。

举例，在行动教育，我们要求老师在备课时，每一个主题都是以用户为中心，要让用户从 A 点到 B 点。如果用户在 A 点的业绩只有 100 万元，我们要帮助用户到 B 点的业绩实现 1 000 万元，那么业绩 1 000 万元就是目标的目标。

我们要如何找到目标背后的根因呢？我们要找到关键方法，这个方法就是“大道至简”。再高深的内容也要让用户听得懂，能够做到知行合一。用户能够知行合一，就能把业绩从 100 万元提升到 1 000 万元。这样用户就会产生复购和转介绍。企业所有员工都要树立成就用户思维，帮助用户成功。我们通过知识改变用户的认知，打开边界，找寻知识背后的规律，洞察到本质，然后把规律、普适、客观原理传递给用户，成就用户的事业。

比如，我们有个大客户“嫵 WOO”，最初其在上海田子坊经营小店，生意红火，营业额在 100 万元左右。2005 年，其创始人孙青锋在机缘巧合下接触了我们的“赢利模式”课程。在学习了“赢利模式”后，孙青锋做的第一个改变就是销售策略的调整，他将其称为“命运的改变”：把 10% 的净利润分给门店工作人员。以利润核算的形式进行分配，店员的工作干劲空前高涨，“嫵 WOO”在中国大地上快速流动、延伸。

随着学习的深入，孙青锋慢慢懂得了经营，并开始研究品牌。他注册了“嫵 WOO”品牌，并成立企业。2007 年，孙青锋参加了一场国际论坛，听到了外国人对中国品牌的冷嘲热讽，这激发了他的民族使命感，立志创立中国的奢侈品品牌。后来，在与我们的接触中，他领悟到自己需要把一件事情做好，一辈子只做一件事情。通过在行动教育不断地学习，孙青锋懂得了什么是战略定位，什么是成就用户；懂得了聚集、创新和建立组织；懂得了做差异化、数字化……

当他利用在行动教育学习到的知识，做到知行合一后，“嫵WOO”的企业规模一路从1 000万元到1亿元、几亿元，并成为行业标杆企业，如今“嫵WOO”已经是中国高端围巾第一品牌。

从2005年到2022年，17年以来，孙青锋在行动教育不断复购，持续学习。从一个人学习到带着儿子来学习，再到带合作伙伴、高管来学习，他在行动教育投资了上百万元的学习经费。同时，他为行动教育介绍了不低于50位客户。

所以，当我们成就了用户，我们的飞轮就像雪球一样滚起来了。我们要让用户成为一家卓越的企业，成为一家造福社会的企业，成为一家行业第一的企业。当用户成为行业第一的企业时，我们也就成了行业第一。

提升100倍用户价值

我们一直在强调：战略的起心动念是要成就用户，为用户提升价值。但是，这句话听上去十分抽象，数字化战略飞轮到这一步还不够，它只解决了战略的立场问题，还有一个具体问题没有解决：我们要如何成就用户？

2013年，我们在做数字化战略时，宣告了一个伟大的用户愿景：提升100倍用户价值。什么是“提升100倍用户价值”？

高标准

“提升100倍用户价值”是高标准。很多企业经营者在宣告用户愿景时，会觉得只要提升用户价值就够了，至于提升多少，说不出来。但我们要把它量化成具体的数字——“100倍”。

“100倍”是一个高标准、高起点、高价值、高筑墙。战略即标准，择高而立，做苍蝇和做雄鹰是一种基因选择。如果我们选择飞万米，我们就是雄鹰；如果我们选择飞千米，我们就是大雁；如果我们选择飞百米，我们就是麻雀；如果我们选择飞十米，我们就是苍蝇，如图1-1所示。

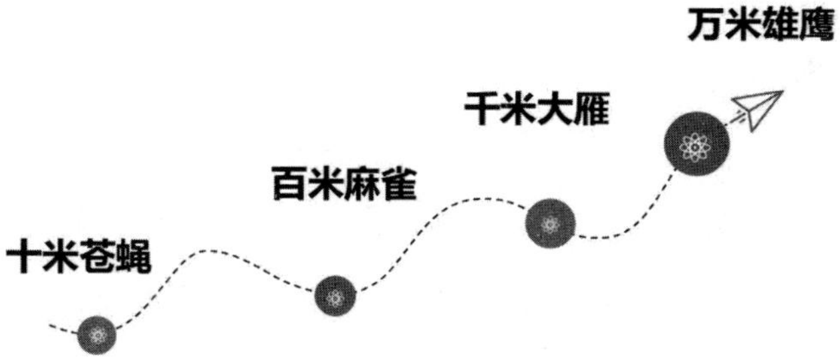

图1-1　基因选择：你是谁/成为谁

要想成为飞万米的雄鹰，我们就必须以雄鹰的标准来要求自己。接下来，我们要根据雄鹰的标准来配置资源，缺什么补什么。好战略就是高标准，高标准意味着更高的资源配置。

如果我们没有“提升 100 倍用户价值”这样的高标准，所做的就不是难而正确的事。如果只是提升 1 倍、10 倍，标准降低了，这件事就变得简单了。简单而人人都能做到的事，也就没有价值了。

“求其上，得其中；求其中，得其下；求其下，必败。”以终为始，即使达不到这个高标准，那么我们伸手摘星，即便一无所获，也不至于满手污泥。

正是“提升 100 倍用户价值”这个高标准，决定了企业数字化是否成功，决定了企业的未来。很多企业经营者每每听到这里，会问我们：“这个标准这么高，要如何实现？”

答案很简单，就是数字化飞轮。企业通过数字化飞轮，用工具想方设法去实现这个伟大的用户愿景。这是一条长期主义之路，也许需要 100 年，也许很快就能实现。

举例，滴滴把原来线下散乱的交通工具线上化，不管是出租车、私家车，还是单车、公交车，都被线上化，并且将用户的需求和这些交通工具连接起来，帮助用户节省出行时间，提供服务增值。

滴滴早期的用户价值核心是出行的确定性。在没有滴滴的时候，用户在三分钟之内打到出租车的概率是 10%，而滴滴出现后，在三分钟之内打到车的概率上升到 70%。后来，滴滴又陆续推出了专车、拼车等，把三分钟之内打到车的概率提升到 90%，在二线、三线城市三分钟之内打到车的概率甚至可以达到 100%。

滴滴提升用户价值是提供给用户的新体验，然后减去所有可替代的旧用户价值及替换成本。滴滴在衡量用户价值上有一个公式，如图 1–2 所示。

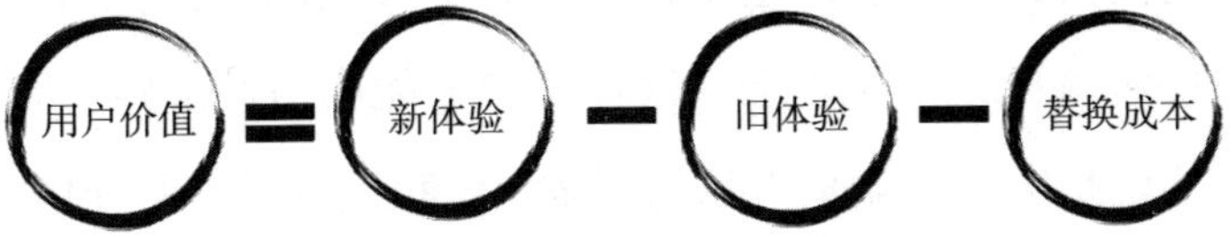

图 1–2　滴滴衡量用户价值的公式

滴滴利用数字化对出租车进行迭代，在提升用户价值上面，表面看起来用户三分钟之内打到车的概率从原来的 10% 提升到了 90%~100%，但在服务及体验上，提升不止 100 倍的用户价值。而滴滴做到这些，花了不到三年时间。

严要求

“提升 100 倍用户价值”是严要求。我们如何做到“100 倍的用户价值”？倒推回来，这意味着我们要严要求——要求企业的教学人员、研发人员、IT 人员、管理团队，客户服务流程、课程设计等，每个人、每个环节都要有 100 倍的用户价值。

无论企业大小，企业赚钱的逻辑都遵循同一个公式：收入－成本＝利润。10 减去 8 等于 2，10 变成 100，是 10 倍，10变成1 000是100倍。如何做到这100倍？我们用“大道至简，行胜于言”来实现，“道”就是抓规律、讲本质。例如，行动教育要求所有的课程都讲规律论，不讲方法论。只有规律论是客观存在的，是普适的，对所有企业来说都有价值。

我们找到规律以后还要抓“牛鼻子”，解决主要矛盾，让用户一听就懂，一看就会。这样用户才能相信并实践。“行胜于言”就是实践，就是讲我们所做，做我们所讲，引导用户去实现 100 倍的价值。

用户认知和思维的改变，是一个化学反应，也是一种长久的能力。就像一个人学会了开车，一辈子都会开车；学会了游泳，一辈子都会游泳。用户学会了做战略、有创新，他一辈子都会做战略、有创新，这样就产生了 100 倍的价值。

用户价值提升 100 倍，管理效率提升 100 倍

“提升 100 倍用户价值”，从企业管理层面来看，一则可以让所有人看到企业的使命和目标，看到企业未来 10 年、20 年后的样子，产生凝聚人心、感召人才的作用；二则让我们排除

干扰，抵制诱惑，让一群人一条心，朝着提升用户 100 倍价值的目标奋斗；三则倒逼着我们高标准和严要求，持续学习，利用数字化来改造管理和提升认知。

“提升 100 倍用户价值”最大的意义在于，它让我们找到了一个方向，找到了一条路径，让我们能够集中所有力量和资源做正确的事。

我们为用户提升 100 倍价值，我们自己的管理效率也就提升了 100 倍，而这个效率的背后就是业绩和利润的增长。这也意味着：成就了用户，也成就了自己。

起点即终点

我们一直在强调用户价值，战略飞轮的起点是用户价值，起点连接着终点，起点即终点。什么是“起点即终点”？

以终为始

“终”是我们宣告的伟大的用户愿景，也就是提升 100 倍用户价值。如果我们只是把这个愿景当作口号，那么起点和终点是完全脱节的。也就是我们所说的和我们所做的，完全是“两张皮”。如果我们宣告了这一伟大愿景，却没有用高标准和严要求做事，没有马上学习，向标杆看齐，没有改变自己的行为和思维，没有把“100 倍”的目标分解到团队，没有基于这个目标倒推找差距……那么我们无法实现这一用户愿景。

起点即终点，意味着我们要有高远的目标。我们的终点是做雄鹰，那么今天的起点就是从小鹰做起，而不是从苍蝇变雄鹰。

在与诸多经营者交流数字化的过程中，我们发现，很多人在战略飞轮这一环节，是像爬楼梯一样一步步爬上去的。什么是爬楼梯？是我们先做苍蝇，然后做麻雀，再做大雁，最后再做雄鹰。如果我们把苍蝇作为起点，我们就降低了标准，到最后，我们大概率是做不成雄鹰的。

"提升 100 倍用户价值"就是高标准，高标准意味着更高的资源配置。在这个高标准被设计出来以后，所有的一切都定下来了，人、财、物、销等所有资源都要围绕这个高标准配置。

基因选择

我们的思维模式，我们的奋斗目标和追求是雄鹰，即高标准和严要求做起点。我们要基于"100 倍的用户价值"设定目标，然后分门别类，将目标分到每个岗位、每个人，找差距，向标杆看齐，然后倒推找差距，改进完善。

举例，2013 年，在企业最难的时候，我们宣告了"提升 100 倍用户价值"这一伟大的用户愿景，有了这个愿景以后，我们做了三个动作。

第一步：定标。我们向世界第一的公司看齐，立志要做一家世界级的实效第一的商学院，我们要通过数字飞轮来提升我们的效率，改变我们的管理，要提升100倍的用户价值。“定标”是我们要成为谁。

第二步：对标。定标完成以后，我们开始对标。一旦有了“世界第一”的目标，我们在对标时，眼光就不会局限在“井”里，我们会想到：世界第一的标杆在哪里？于是我们找到标杆——哈佛商学院、中欧商学院等，疯狂地向它们学习。

第三步：标准。通过全方位地向标杆学习，我们找到了标准——人、财、物、销等方面的所有标准。对照世界级标杆的标准，我们就能发现自己的不足。然后，缺什么补什么，缺老师找老师，缺资源找资源……我们从哈佛大学找了卡普兰教授来给我们分享平衡计分卡；从法国巴黎商学院请来连续10年全球排名第一的MBA（工商管理硕士）课程；我们把全球最大的领导力课程体系引进国内；我们找了国内顶级的老师，如宋志平老师、陈军老师等；我们找到哈佛大学的供应商、设计公司来帮我们设计阶梯教室……从2013年到2017年，我们把这些标准一一落地，如今我们拥有最大的阶梯教室、最好的师资、最好的管理标准。

基于这个逻辑，2014年，行动教育扭亏为盈，税后利润为1 680万元；2015年，税后利润翻番，达到3 800万元；2016年，税后利润为 6 800 万元；2017 年，税后利润突破 1 亿元……

所以，“起点即终点”实质就是以终为始，它重点回答了“100 倍的用户价值”不只是远方，它就是此刻，就在当下。

总结一下，战略飞轮确定起点，但起点也是终点。企业经营者要知道 A 在哪里，但很多人不清楚 A 在哪里，更不清楚 B 在哪里。确定了起点和终点之后，有无数条路可以过去，在选择路径的时候，有容易的路，有难的路，企业经营者要选择难而正确的路。

一把手的“天外有天”

2021 年的“校长节”上，有两家上市企业的高管找到我们，希望找到突破数字化转型瓶颈期的办法。在深入沟通后，我们很快发现了问题所在，但没有直接与他们交谈，而是邀请他们企业的一把手做进一步沟通。

为什么数字化转型的相关问题必须和一把手沟通解决呢？因为数字化不仅仅是企业管理的数字化，也是业务的数字化，企业要把人、财、物、销这些环节全面数字化。对一家企业来说，管理与业务是企业的全部，关乎企业的全局，数字化是一次彻底的脱胎换骨。既然如此，除了企业一把手，没有人能够对企业的全局负责。所以，数字化是一把手工程。

企业要想成功实施数字化战略，一把手一定是第一责任人。如果一把手不参与、不投入，不培养企业用数字化成就用户的土壤，制定好对应的机制和政策，那么数字化战略飞轮将永远无法转动起来。再则，只要有转型，就会有组织上的调整与变动带来的“阵痛”，此时这个“锅”应该由一把手自己来“背”，因为只有一把手才有全局思维、决策权和人事权。

一把手重视哪里，结果出在哪里。在行动教育发展的过程中，从早期的业务战略到数字化战略，每一次一把手都投入时间和精力，从上到下“扫楼梯”，匹配资源，协调整个企业系统作战。如果没有一把手的重视、支持，数字化战略就很难成功。

这个“一把手”，对于大企业是 CEO（首席执行官）或企业经营者，对于中小企业是创始人，综合来说，就是企业的经营者。

“一把手工程”，这句话说多了，企业经营者似乎已经无感了。什么事应该是一把手工程？一把手怎么推动一把手工程？其中的学问大得很。

数字化是“一把手工程”，我觉得这句话有些“软”，力量和高度不够。一把手要有“直升机思维”，这其实是创新思维的一种表现形式。正如一句广告语所说：心有多大，舞台就有多大；心有多远，路就能走多远。在工作中我们不妨多一点

“直升机思维”，让自己站得更高，看得更远，知道天外有天，“站在月球看地球”。

所以，我们更愿意把数字化说成一把手的“天外有天”。我们先梳理一下一把手的“天外有天”意味着什么。

第一，一把手的“天外有天”，意味着数字化很重要。那么，数字化重要到什么程度呢？我们认为要看是“帝王变革”还是“宰相变革”。“宰相变革”失败，换个宰相；“帝王变革”失败，改朝换代。企业数字化，必须有“一把手”的“第一推动”，也就是企业经营者在这个过程中的布局和坚持，企业经营者要相信数字化最终一定会发挥价值，成就用户，提升 100 倍用户价值。

第二，一把手的“天外有天”，这个“天”只有一个，如果太多的话，那么只能说明组织体系有问题。这也就是我们前一节中提到的“做难而正确的事”。正确的事有很多，要找到关键的“一”。

一把手的“天外有天”，首先是一把手的认知、思维、定位问题，其次才是方法策略问题。

从甩手掌柜到“ALL IN”

分享两个故事。

2015 年，我们决定开发数字化产品，做在线学习平台。

那时我的第一反应不是亲自挂帅，而是从外部找一个专业人才来做。通过招聘，我们找到了一个在数字化转型上有经验的人。他原来做过积分平台，懂得数字化平台的技术。在他加入行动教育以后，我们让他先做一个预算方案。

他根据行动教育的情况，把方案做出来了——500 万元的预算，包括搭班子、定战略、做调研、打磨产品、试产等。我们通过了他的方案，他便着手去做。在做之前，我们设定的目标成果是，在一年的时间内我们至少有一个初始的产品，能够让用户感受到我们的价值，而且能够拿到 100 个样板客户等。

结果是，一年后，500 万元花完了，但离我们的目标成果还很远。这里面还不算在这个项目里滚动发生的消耗。最后我们不得已终止了这个项目，这件事让公司直接或间接损失了 1 000 万元左右。

请专家没成功，我们又想到了在公司内部提拔人才做数字化产品。经过各项考察研究，我们让公司的教学研发副总裁来挂帅做数字化，仍是以 500 万元作为预算。结果，一年过去后，钱花完了，产品成果也不成熟，项目依旧停滞。

我们之所以向大家分享这两个故事，是想让大家审视自己企业的数字化是否也有这样的问题。

我们在与诸多企业交流的过程中发现，很多企业的数字化之所以不成功，是因为与我们当初走了一样的弯路——企业经营者想做“甩手掌柜”，把数字化交给其他“主将”做。

“主将”从哪里来？不外乎“内部培养”与“外部空降”两条路。内部培养的话，企业经营者都不懂数字化，更别说其他领导者；内部没有，就从外部聘请，是谓空降，但其最大的问题在于排异。数字化转型的排异有两种：一是对异体人员的排异，比如空降人员；二是对异体本身——数字化的排异。如果有双重排异，适应难度就更大，企业更难成功。

所以不管是内部培养，还是外部空降，没有一把手的“ALL IN”[①]，数字化不可能成功。这意味着企业经营者要改变认知，不能做甩手掌柜，要“ALL IN”。什么是“ALL IN”？就是把企业所有的资源全部押进去。这有点儿像赌博，把桌子上所有的筹码押进去。一把手不能“ALL IN”的，不要做数字化转型。企业经营者要“ALL IN”，要具备“两颗心”。

第一颗心是“前瞻心”。

现在很多企业经营者时常感到“焦虑”，他们知道数字化将改变他们所处的行业和产业，也会深刻地改变他们的企业，但他们不知道这个方向和方式是什么，未来处在一片未知和变数中。“怕”由“心”和“白”组成，其含义是“心里一片空白”。当我们心中一片空白时，就会感到“恐惧、彷徨、焦虑”。

---

① ALL IN 原为扑克游戏中的术语，意思是全部押进。现多用于形容“孤注一掷”。

数字化会伴随着企业的成长而成长，因此数字化战略一定要有前瞻性，前期规划一定要与公司战略相匹配，并在成长过程中不断创新。在这个过程中，企业经营者要成为数字化转型的战略推手，首先要“革自己的命”。经营者往往需要具备“前瞻心”，能够正确地看到未来的趋势，并在数字化领域做出布局。如果经营者只看到眼前的需求，不能将数字化眼光放得长远一些、开放一些，就会贻误时机，甚至导致整个数字化转型战略失败。

第二颗心是决心。

我们看到很多企业经营者在企业数字化转型时，犹豫不决，观望等待，或者遇到困难开始打退堂鼓。这一切的根因就是经营者的决心不够。

给大家分享一个我们认为是“教科书级”的数字化转型案例——三一重工。

三一重工是全球工程机械制造领域的行业巨头，其大吨位起重机械、港口机械等产品稳居国内第一，混凝土机械产品是绝对的“世界老大”，业务覆盖全球 150 多个国家与地区，是中国制造业名副其实的“灯塔工厂”。

为提高生产效率，三一重工很早就启动了数字化战略，但由于早期网络和信息化技术的限制，存在很多问题难以解决。2018 年，三一重工的一把手梁稳根下定决心，一定要让企业数字化转型成功。他认为，面对工程机械和制造业数字化浪潮，三一重工不能实现数字化转型成功就会“翻船”，转型升级成功就会“翻身”。“数字化转型要么翻船，要么翻身”成为三一重工下定决心的“钩子”。

从此，三一重工走上了轰轰烈烈的数字化转型之路——为旗下数十座工厂的数字化改造投入了近百亿元，梁稳根几乎每天都扑在数字化转型的各种讨论与决策之中。这样大手笔的资金、人力投入，如果没有梁稳根对数字化的决心，那么一切都无从发生。

那么，在数字化上，三一重工目前取得了怎样的成绩？

《福布斯》公布的 2021 年全球企业 500 强榜单中，三一重工首次上榜，位列第 468 名；同时，三一重工还与北京移动、中兴通讯开展了新型合作，成功发布业内首个行业云网一体解决方案，为国内工业企业提供了一条经过实践验证的数字化升级之路。

行动教育刚开始做数字化时，很多人都离开了，因为那段时间很困难。高层的使命、愿景的一致性非常关键，但是很多高层跟经营者的认知有一定的差距，经营者讲的东西他们不一定相信，很多企业都有这种情况。

这个时候，尤其需要一把手的决心。企业经营者在数字化转型的道路上，要以身作则地领导数字化，而不是仅仅提供支持。领导与支持是有区别的，支持往往是站在幕后做不痛不痒的保障工作，领导是充分参与企业的数字化转型工作，毫无保留地奉献自己的时间和精力，才能感召所有团队成员牺牲“小我”以成就数字化转型的“大我”。如果经营者不全身心投入，那么又如何能感知转型中的切肤之痛？

“问题出在前三排，根因都在主席台。”数字化转型任重道远，首要条件是企业经营者的认知改变，要“ALL IN”，要以身作则、身先士卒。如果企业经营者都能像1993—1997年郭士纳主导IBM（国际商业机器公司）变革，1998—2008年任正非主导华为变革，2013—2021年我主导行动教育变革那样，充分参与、亲自主导企业的数字化战略，那么数字化飞轮一定会转得更快、更稳。

从赚钱思维到投资思维

日本“经营之神”稻盛和夫说过一句话：“经营由作为经营者的那个人的心性，或者说由他的思维方式决定。换句话说，经营者的哲学出色的话，企业也会出色，专业知识并不起决定性作用。”

我对这句话的理解是，一个人有什么样的经营哲学、什么样的思维方式，就决定了他有什么样的经营成果。做企业30余年，我深知民营经营者的不易，这是环境使然。但是，要应对经济新常态下的挑战，关键还在于企业经营者自身。企业所有的障碍，归根结底都是经营者思维的障碍。很多企业无法实现数字化战略，很大的原因就是企业家的思维固化。世界已经变了，而他们的思维还停留在以前。

那么，在数字化转型过程中，企业经营者最容易出现的思维障碍是什么？

在我们与诸多经营者交流数字化时，很多中小企业的经营者忧心忡忡地告诉我们："数字化转型要花很多钱，我们企业一则没有那么多钱投入，二则万一投入了这么多钱，没有转型成功，企业就会死。"

瞧，这就是企业经营者在数字化转型过程中最容易出现的成本思维，一心想着企业花了多少钱，担心花出去的钱收不回来。

企业做数字化时，经营者要从成本思维转为投资思维。成本思维是花出去的钱收不回来了；投资思维是花出去的钱暂时收不回来，未来能产生更大的价值。这就像我们种稻子，要先有种子，然后播种、插秧、施肥，稻子茁壮成长，到了秋天，我们才会有收获。它是一个很长的过程。

举例，我们花5元买一瓶水是不是付出了成本？大部分人认为这是成本，因为我们花出去了5元，这就是成本思维。但换一种思考维度，我们口渴时买这瓶水是在投资我们的生命健康，让自己更长寿，这就是投资思维。

再举例，我们参加一个管理培训，一年总计花费20万元，我们可以把这个当作成本——花出去的钱，就再也收不回来了。我们也可以把它当作一种投资，因为我们获得的管理知识提升了企业的管理效率，让企业能够可持续发展。我们的收益是复利的，不止20万元，可能是10倍、100倍。

从成本思维到投资思维的逻辑就这么简单。行动教育在做数字化时，也是最困难的时候，当时的管理和人才都跟不上，也如大多数中小企业一样，需要勒紧裤腰带过日子。CTO（首席技术官）罗总每次和我沟通用钱时，我一直都在给他说："不能省，一定要用最好的。"

数字化是为了成就用户，提升用户价值，它不是成本。如果我们把它想成成本，本质上就是我们自己不太想做这件事。

我们曾在为一家企业做战略咨询时遇到了一个问题：未来企业的资金该往哪里投？这是一家在2008年还能排到全行业第一的企业，可是自2008年以后，它不仅没有乘胜追击，还接连错过了好几个本就规划好了的战略机会，就此陷入发展泥潭。找到我们，是因为这家企业准备寻找新的机会，不想再像以前一样错过。深入沟通之后我们了解到，这家企业实际上早就做好了10年的数字化战略，早早想到了要做数字化转型，可是每次一碰到需要投入的关键项目，企业经营者就会犹豫，把企业的高层凑在一起讨论，然后因短期内没有收益而否定投入。

这让我想起当年也接触过一家遇到相同问题的企业，该企业在10年前就定下了数字化战略，却因为没有投资的勇气，至今都没开始。

那么我们想一下：为什么经营者会有成本思维？

因为没有人愿意慢慢变富。首先，企业追本逐利是商业天性，无可厚非，如果没有利润，企业就无法生存，更别谈进行数字化转型。其次，用户愿景不坚定。我们在前面说过，起点即终点，很多企业经营者在数字化起点喊出的“成就用户”，结果就只是一句口号而已。

数字化最大的难点在人性。人性的本质追求简单，急功近利、趋利避害，追求付出马上就有回报。而数字化是长期的，要耐得住寂寞，经得起考验，守得住人性。

企业经营者如何从成本思维转为投资思维？我们要抓住投资思维的一个特点：长期可持续。

数字化战略是做难而正确的事，它是一个长期、可持续的战略目标。既然是长期的，就需要企业经营者有长期主义思维。一旦我们拥有了长期主义思维，那么，我们思考问题的时候就会用“远”来衡量，用“久”来定义。有了这两种思维，我们就可以耐得住寂寞，经得起诱惑，拒绝短平快的干扰。

这时候，逻辑就变了，我们就拥有了一种数字化战略的定力，我们能沉下来，踏踏实实地为用户提升价值，这才是企业数字化真正的基因。很多企业经营者每每谈到此处，总是会问：我们是要有长期思维，但短期利益和长期利益发生冲突时，怎么办？如果没有短期利益，那么企业怎么走到长期？

我们自己曾经也面临这种考验。非常幸运的是，我们做出了正确的选择，才有了今天的行动教育。2010 年，我们最大的竞争对手从一个亿迅速做到十几亿元，它用什么手段做的呢？就是把客户变成经销商和代理商——你来上我们的课，同时帮我们推广课程。一个课程定价每人 3 万元，但是，他们只收客户 3 000 元。暴利激发了人性的贪婪，原来那些卖服装的、卖家具的、开工厂的老板都不务正业，跑去卖课了……看起来，这个钱确实来得很快，只要把身边的人感召过来，一个单能赚 27 000 元。

客户明明交了 3 万元，培训公司只收 3 000 元，那么这家培训公司怎么赚钱呢？原来，他们在打薄利多销的主意，只要把场子做大，把上课人数做多，问题就迎刃而解了。试想一下，如果一场课能来三四万人，那么即使每人 3 000 元，一场课的收入也是一亿元。

那么，人怎么做多呢？培训公司要求代理商必须一次性交 30 万元，即交 100 个人的学费，用这种方式逼迫代理商拼命拉人头。哪里能同时容纳几万人呢？只有大型体育场馆。且不说内容如何，这偌大的体育场，如何保证几万人的听课效果？毋庸置疑，人多的同时，客户的核心价值必定保证不了。

确实，培训行业最容易犯这种错误，即故意给代理商更高的折扣。为了驱动这些代理商，故意把课程价格拉得很高，最后，客户却根本没有得到物有所值的产品。基本上，这些代理商都是抱着捞一把的心态。这种急于求成的方式短期看上去是能带来暴利的，但是，越听见暴利，我们越要当心。

2012 年，行动教育在竞争对手的冲击下，利润节节败退，站在亏损的边缘。面对这种困境，行动教育的合伙人内部起了重大分歧。有人直截了当地抱怨："我们现在的做法太慢了。"他们提议，复制竞争对手的代理商模式，他们认为这个方法是对的。但是，作为一把手，我持保留态度。因为我不相信暴利，不相信这种模式能够保障用户价值。最后，这个分歧导致了创始团队分崩离析，甚至影响了行动教育的上市之路，因为根据规定，上市期间，创始团队和高管不能有重大变动。

2013 年，我出任行动教育总经理。上任之后，第一件事就是砍掉所有的代理商，主动把钱退给他们。如果不退，没关系，我们明确告诉他们，合同到期以后就不会再合作了。为什么？因为在这种机制下，代理商基本上"有奶就是娘"，"哪里赚钱哪里捞"，根本谈不上忠诚度，谈不上用户价值。毕竟，我们和代理商之间是两个法人，我们很难控制代理商。

这个决定对我们当年度的业绩产生了巨大的影响。因为代理商身上带着客户，我们把它一刀切了，它就把我们所有客户都给带走了。再加上创始团队另起炉灶，骨干被抽调走，几乎带走了所有大客户。雪上加霜的是，还有人怂恿我们的员工“飞单”，他们告诉我们的员工：“如果你把客户给我们，我们就给你50%的提成。”员工在我们手下拿工资，但就是不出单，业绩在别家。这种事情让人哭笑不得。

2013年，行动教育陷入亏损。不过，即使在这种状况下，我们依然认为：既然我们知道什么是对的，那么我们还是应该去坚持。不能因为亏损了，因为遇到挑战了，我们的人性就变了。

熬过了最艰难的一年，坚持用户价值的我们重生了。而今天，回望当年那些叱咤行业的“风云人物”，早已经消失得无影无踪。

陈春花认为，唯一可以超越变化的，其实是你的长期主义，而不是你的机会主义。我们最重要的是要保持一件事情，有价值地持续地做下去。

企业要永远记住，数字化是在为未来做事情，在成就用户。这是一家企业的底色。如果底色变了，整个企业就不对了。

如何拥有长期思维？乔布斯在斯坦福大学演讲的时候说

过："把今天当作你生命中的最后一天，你还会继续做今天你所做的事情吗？每天都这样问自己，总有一天你会发现你这样做是对的。"

我们也可以这样问问自己：如果今天是我们生命中的最后一天，那么我们还会继续做数字化吗？

从外行到专家

数字化战略这个一把手的"天外有天"，与其他一把手工程最大的区别在于：不容易懂。企业其他战略大多在企业经营者的专业范围之内，相对容易。数字化战略，对于大多数非技术出身的企业经营者，相当于开辟了一个新专业。于是有的企业经营者"懒病"又犯了，学了几次学不懂就不再学习，成为彻彻底底的外行。

企业经营者不懂数字化，其他人懂再多也没有用，因为其他人无法站在企业的高度做决策。在一家数字化转型做得很好的标杆企业里，我们听到一句话：谁是专家？我们的 CEO 才是专家，而且是比专家更专家的专家。专家一般进行理论研究，企业经营者不仅研究理论，还要落地实践，所以比一般专家懂得多。

一把手的"天外有天"要求企业经营者在数字化上改变自己的角色，从数字化外行成为数字化专家。专家来自"两专"。

第一个“专”是专研。

精通的前提是真正地重视。什么是真正地重视？就是切实地理解数字化的内容与意义。我们起初或许会在理解数字化的路上四处碰壁：看不懂专业书，找不到真专家，参加了相关论坛进行学习却找不到落地的通道……

可是即便如此，我们还是必须要做这些事情，必须找到真正懂行的专家。所谓熟能生巧，这些事情我们做得多了，自然就能看明白。尤其是与真专家深度沟通，让他们为我们讲解那些生涩的专业文章，在此基础上继续看书、游学。

这意味着什么？要做好数字化，企业经营者必须专研，要持续学习、反省、改进。下面给大家说说我们是如何专研数字化的。

2014 年我出任行动教育总裁以后，在制定集团的 5 年战略时，我们已经看到了线上教育的趋势。要想完成让行动教育成为世界级商学院的战略目标，意味着我们必须学习新技术，拥抱互联网。在定下大智移云战略之后的 5 年间，我开始如饥似渴地学习互联网相关知识。

5 年间，我学习了 100 门互联网大佬的视频和音频课程。从 2014 年开始，我每天早上 6 点起床，起床的第一件事是打开音频，接下来从吃早餐到上班路上的一个多小时全部用来学习。如果我恰巧中午还有时间休息 20 分钟，那么在闭目养神的同时，也会同时收听音频课程。

5 年间，我总计阅读过 200 本与互联网相关的书籍。其实从创业开始，30 多年来我始终保持着一个习惯，即每天晚饭后学习 2~3 个小时。也就是利用这段时间，我阅读了 200 本与互联网相关的书籍。

5 年间，我带着行动教育的 CIO（首席信息官），一起学习了两所名校的相关课程。2015 年，我们在上海交通大学报名了为期一年的互联网班；紧接着，我们又去硅谷最著名的旧金山大学学习了历时两年的数字化转型课程。

经过如此高密度的学习，我们逐渐认识到互联网是一个集成技术，它大体可以分为三大技术：IT、通信技术（CT）和数据处理技术（DT）。

接下来，我们一边学习，一边实践。从 2014 年开始，我们要求改变全员上下的作业模式，所有人的工作流程必须在线化：我们拜访过什么客户，在什么时间节点拜访的，拜访的内容是什么……所有信息全部都要录入 CRM（客户关系管理）系统。首先，通过 CRM 让公司的管理和产品在线；其次，公司又推出行动在线商学院，这意味着我们的客户在线、员工在线……如此一来，业务、客户、产品、收入、管理全线打通。

数字化战略不是喊口号，而是做出来的。当然，这些事情都不是由我亲自指挥，早在数年前，我们就花了 4 个月的时间邀请到用友公司前任副总裁王海升老师出任行动教育的 CIO。我们在自我学习之余引入实践经验丰富的顾问，是要借他山之石，攻自身数字化之玉。

既然有专人负责，为什么我自己还要学习呢？因为我是最终决策者，一把手就是企业的天花板。如果不学习，我就无法做决策，数字化战略就无法推进下去。当 CIO 告诉大家要上线系统时，一定会有反对的声音："过去只要成交客户就好，现在所有过程都要往线上走，太浪费时间了，太麻烦了……"这种情况下，就需要我告诉大家为什么这么做：一切为了未来。

所以，战略从来不是一句话，CEO 也不是一个称谓。要想让一切名副其实，我们必须躬身入局、刻苦学习、努力践行、培训宣导、考评跟踪……试想一下，如果没有前面的 100 门视频和音频课程、200 本书、两所名校课程，就没有后面发生的所有故事。

第二个"专"是专注。

一生一事即专注。不专注，无专家，只要我们专注于一件事情，哪怕每天只能进步 1%，10 年时间我们也能进化为大师。可如果我们分散了自己的精力，去年做数字化，今年又开始做云平台，明年又为企业规划了元宇宙，到头来无非是竹篮打水一场空。我们连自己都没办法规划明白，又怎么提升用户价值？我们的专业性才是用户价值的提升保障，而这份专业性只有专注才能修炼成。因此，企业经营者一旦选择数字化，就要一心一意地扑在数字化上——我们所走的每一步，都是在为今后企业的“护城河”修渠。

今天大多数中小企业的数字化，恰恰就“死”在“专注”上——没有找到正确的事，即那个关键的“一”，却在太多不该做的事情上耗空了精力。企业经营者要清楚自己的边界：做什么，不做什么。这就好像一个人看到自己的面前出现了两只又肥又大的兔子，他两只都想抓。但是，他忘记了：想抓这两只兔子的人非常多，竞争十分激烈，抓到一只兔子都很不容易。如果我们两只都想抓，那么一旦所有资源分兵作战，最后就连一只也抓不到。所以，战略飞轮就是要有所为，有所不为。

一个典型的案例来自我们的一位企业家学员。2015 年，他在做数字化转型的过程中遇到阻碍，企业大多数中高层都认为现在做数字化已经晚了，还不如直接做云平台，说得多了，他也开始犹豫不决。在行动教育上课时，他受到了启发，回去后下定决心继续推动数字化战略，将企业所有的人力、财力、物力都聚焦在数字化战略上。专注后，奇迹发生了，此后企业业绩年年翻番，整个企业脱胎换骨。

类似这样的案例在每一期课程的分享环节都能听到许多。30 多年来，我们见证了许多企业在数字化转型上的成功，它们无一例外都做到了专注，在提升用户价值上“死磕”到底。

正如传奇功夫巨星李小龙所说：“我不怕练了一万种腿法的人，我怕的是同一种腿法练了一万次的人。”

但专注是反人性的。人们喜欢追逐新鲜事物，也喜欢蜗居在水波不兴的舒适圈里。长久的专注所带来的孤独与寂寞，是人们难以接受的。所有这些人类的天性，都像是麻痹神经的毒药，让人远离专注与聚焦。可一旦我们成功对抗这些毒药的麻痹，我们就会收获常人难以企及的成功。

总结一下，数字化转型其实是“人”的转型，最成功的数字化转型一定是最彻底的人的转型。“我是一切的根源”，这个“人”首先是企业的一把手、领头人。一把手要改变认知，要下定决心做数字化，有了决心才敢大手笔投入，才会学习。

一切转型从人开始，人的改变，从认知的改变开始。

共识即趋势

通过做难而正确的事和一把手的“天外有天”，企业经营者对数字化达成共识，重视且下定决心开始在企业推行数字化。接下来就是共识的问题了。这时，很多企业是这样做的：发现数字化是新方向、新趋势后，企业经营者大笔一挥，宣布企业一定要做数字化；高层开始埋头拆解目标，各自分配任务，再向下传达；基层和一线员工拿到手的是被拆解成一颗颗螺丝钉的任务，不知道为什么做、做成什么样，一脸困惑地骂老板："老板是傻吗？净砸钱干这些没有意义的事……"

类似这样的数字化转型，转来转去，最后的结果是，企业的数字化战略与执行是两张皮。为什么？

核心原因在于数字化战略的设定者与执行者是两拨人。设定者对数字化达成了共识，而执行者没有对数字化达成共识。换句话说，企业经营者懂数字化，企业的其他人不懂。

数字化转型牵一发动全身，它不仅涉及人、钱、系统，还与企业的技术、产品、市场、业务，甚至财务、人力资源等团队全都强关联。一旦要动，企业从上到下各级人员都必须紧密配合。如果各方不能达成共识，那么数字化飞轮要么转不起来，要么转得非常艰难，所有人身心俱疲，精力耗尽。最后的结果是，企业的数字化沦为"喊得凶、干得苦、收效差、烂尾多"的项目。

共识即趋势。企业上下达成了对数字化的共识，都朝一个方向努力，企业自然就有了方向性。共识的方向就是当下阻力最小的方向。共识的产物就是趋势，趋势永远是朝着阻力最小的方向延续。这样，数字化飞轮就自转起来了，既省力又省心。

共识，字面意义就是共同的认识。这两个字很简单，每个人都认识，而且都明白它的意思，但要双方或者多方消除分歧，要磨很多"嘴皮子"。数字化战略的共识主要集中在三个问题上：

- 为什么要共识？
- 共识什么？
- 如何共识？

全员一杆枪

我们曾受邀参加一家企业的数字化转型经验分享会。这家企业规模不小，年收入上亿元，企业经营者十分强势，早早就在企业内部指出了“拥抱数字化”的方向。这家企业的数字化之路走得却不顺畅，早期的第一次数字化战略，就夭折在“全员共识”这关键的一步。

当时，企业经营者把数字化转型的项目交到了总裁手中，总裁和CIO马上邀请到一家经验丰富的咨询公司打配合，轰轰烈烈地做起了数字化。大家加班加点地做了一系列工作，却在阶段性汇报会议上碰了壁——轮到团队成员输出项目规划报告时，企业经营者只听了个开头，就离开了，会议只能草草结束。

在前期工作中，项目团队已经和大部分高管讨论过阶段性成果，这次会议只是希望能在企业内部达成共识，明确下一步计划。事后项目团队了解到，他们的前期工作并没有太大问题，但推进数字化转型耗时耗力，对正处于业务下滑期的企业来说，这场变革被打上了一个大大的问号。如果坚持推行，项目团队一定要配置足够的业务骨干资源，企业经营者必须充分参与，否则只会失败。

企业经营者的缺席，让数字化转型的规划就此停滞。

几年后，外部经营环境对数字化的要求越来越高，这家企业想重新启动当年“拥抱数字化”的转型项目。CIO 担心重蹈覆辙，只好找到我们寻求突破口。其实这家企业针对数字化转型的启动思路没有问题，但企业经营者忽视了全员共识的重要性，没有和项目团队齐心协力实现“全员一杆枪”的目标，才导致转型之路难以走通。

相似的案例不在少数。据我们与许多中小企业的经营者沟通，近 80% 的企业会在数字化转型上失败或者达不到预期，许多企业不仅没有因此获利，反而“转”出一个又一个管理烂摊和业务困局，让全体员工士气受挫。从多个失败案例中我们发现，数字化转型的难易度，并不受企业规模大小的影响，它取决于企业上下能否在数字化转型上达成共识——数字化战略落地的基础是“全员共识”。

为什么很多企业经营者抱怨企业在数字化上的执行力很差？主要原因就出在共识上。企业经营者说的数字化战略，员工都听得懂，但内心不认同，迫于经营者的权威，不敢反抗或明说。内心不认同，执行就会出问题，必然导致数字化战略与执行两层皮。

这也正是行动教育始终重视战略共识的原因。管理中的“三驾马车”分别是战略、流程和组织：战略决定企业做难而正确的事；流程帮助企业实现高效，管控过程中的成本与风险；组织决定着企业如何正确地做事。让这“三驾马车”并驾齐驱的基础，是团队必须充分沟通、达成共识。在这之前，宁可走慢一点儿，至少比走错路好。

战略飞轮的落地不是靠企业经营者算出来的，而是靠全员上下一起“打”出来的。企业经营者不能让数字化在企业“东一榔头西一棒子”，更不能让每个部门各自为政。因为时间和资源是有限的，所以我们必须做到全员一杆枪、全国一盘棋，从上到下，全员联动，将所有的力量汇聚在一起，这种力量才是最强大的力量。

举例，行动教育在数字化的过程中，有一个战略目标是做预算管理。当时企业很多人并不愿意做这一项目，为什么不愿做？很简单，因为数字化是一种改革，改革本身是反人性的。人性是懒惰、自私的，做预算管理要填写各种数据，这会让许多人在短时间内的工作量增加，还会打破他们的工作习惯和方法。所以许多人不愿跳出自己的舒适圈，即便我们告诉他外面海阔天空，他还是宁愿蜗居在井底，因为这里风平浪静。

为了对抗人性中的这种毒药的麻痹，我们召开了动员大会。

召开动员大会的目的是统一思想，统一思想的过程就是凝聚共识的过程。如果员工没有对战略飞轮达成共识，后面的事情就很难真正推进。

第一次动员大会邀请哪些人参加呢？“五大天王”和“十大金刚”。在这次动员大会上，我们首先给大家讲清楚企业未来的战略要飞多高，价值创新点在哪里，产品、团队、人才分别怎么布局，并提出第二年的规划是获得3亿元利润，收入增长50%，再询问参会者的看法。因为战略要真正落地，首先必须分解到每个“天王”身上：营销怎么做，研发怎么做，生产怎么做，人力资源怎么配合……每个部门都要从自己的专业领域评估实现这一利润的可行性。如果讨论过程中有冲突，那么部门之间还必须进行二次甚至三次讨论，直到所有人都能统一思想。

这样做的目的是什么？从上到下全员一杆枪，从上到下都在下同一盘棋。总裁、副总裁、分公司总经理、部门总监、部门经理以及普通员工，全部都是先算后做。如此一来，总裁头上的利润公式中的每一个数字都会被分解到各个部门，各个部门又将数字逐级分解到每个员工身上。做到这一步，企业才算真正让战略目标落地，实现了战略飞轮。

企业经营者只有让企业所有人对战略飞轮达成共识，才抓住了数字化转型的“牛鼻子”。

共识“三问”

最近几年，我们在与诸多中小企业经营者交流数字化时，发现他们面对的一大挑战就是如何让企业全员对数字化达成共识。对大部分企业经营者来说，宣告一个伟大的用户愿景不难，让自己对数字化达成共识也不难，因为大多数企业经营者是爱学习的。难的是如何让企业全员理解数字化，并将数字化战略意图一层层清晰、准确地传递下去。我们将这些挑战概括为“战略共识”的难题，为什么达成“战略共识”会如此困难呢？

主要原因还是出在不知道如何做数字化战略共识上，也就是企业经营者不知道让企业全员共识什么。

在数字化战略里，要做好共识，就要让全员知道“为什么”“是什么”“怎么做”，我们把这些问题统称为“数字化共识三问”或“3W”，如图 1-3 所示。

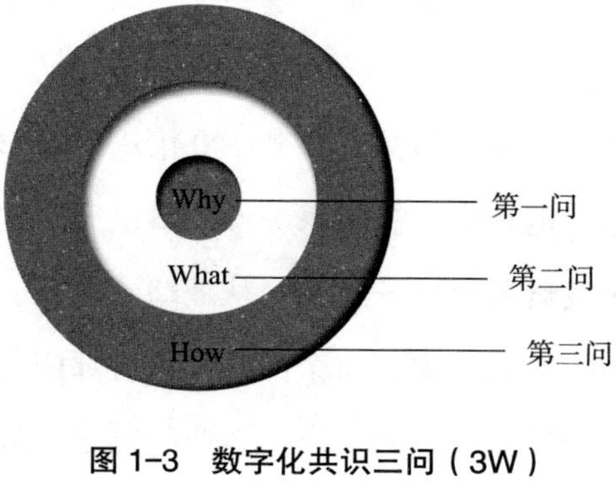

图 1-3　数字化共识三问（3W）

第一问（第一个“W”是 Why）：企业为什么一定要做数字化？为什么非转不可？转型带来什么机遇，解决什么痛点？不转有什么危机？

第二问（第二个“W”是 What）：数字化是什么？

第三问（第三个“W”是 How）：企业的数字化要如何做？

“为什么”，与企业的使命和愿景有关，也就是企业要做难而正确的事。让企业全员明白“企业为什么要做数字化”，也就是向员工宣告一个伟大的用户愿景，让员工知道我们的终点在哪里。企业经营者要用用户愿景去感召每一个员工，帮助他们建立“成就用户”的信仰。

“是什么”，与数字化的理解有关。数字化是一个科技工具，是我们能够看得见、摸得着、数得清、听得见的。企业经营者在向全员说明数字化是什么时，要大道至简，不要让大家听了越来越迷糊，觉得这件事很难。事实上，数字化就是一种工作方法。

“如何做”，与战略目标“提升 100 倍用户价值”有关。一个再大的目标，也是靠分拆到每一件小事来完成的。企业经营者要将数字化战略目标拆分细化，从战略到创新、产品、用户、团队、成本……都要分解到每个部门，再从部门分解到将、士兵，最后到时间节点。如此一来，企业的数字化战略目标才能转化为具有可操作性的指标和行动方案。所有人都能按照时间轴和工作轴逐层分解，最终得到一个属于自己的“战略飞轮”。对企业来说，有一个大的战略飞轮；对于企业每一个人，也应该有一个自己的战略飞轮。

以上就是数字化战略共识的“三问”。我们给大家分享一下行动教育是如何从这三个方面达成数字化战略的共识的。

把时间拉回到行动教育数字化转型的起点。2013 年行动教育的业绩越来越差，出现了历史上唯一的一次亏损。这次亏损就像一面“照妖镜”一样，照出了公司的各种问题（这一点我们在前面说过）。彼时的行动教育面临着破产和清算，为了保住这家公司，我卖掉了自己的房子，溢价回购了其他三位大股东的股份。由于公司面临严重亏损，连工资都发不出来，为了维持公司的运营，我自掏腰包弥补公司的亏空，给员工发工资。当时的行动教育四分五裂，客户开始退款，代理商也开始退款，公司客户大量流失，员工也心神不定。彼时，公司人均效能十分低下，整个集团 1 600 多名员工只创造了 2 亿多元的营收。

这一点，我们在前面或多或少地讲过，这里，只想突出我们当时决定做数字化转型时有多么糟糕，相信大部分企业在决定做数字化时没有遇到过比这更糟糕的情况了吧。“不在逆境中新生，就在逆境中灭亡”，我们要在逆境中新生，于是我们开启了行动教育的数字化战略。可想而知，当时该有多大的阻力，支持我们做数字化转型的屈指可数，我们想要让大家共识战略飞轮该有多困难。当时很多人认为我们在吹牛——企业的生存都成问题，谈什么数字化？

2014 年年初，我在集团年会现场做了一次演讲，主题就是“未来 10 年的战略”。在这次演讲会上，我用到了数字化共识的“三问”。

首先，我们向大家宣告了一个伟大的用户愿景，告诉大家未来我们要做教育，而不是培训。培训和教育有什么区别呢？培训是短期行为，每次开课三天，上完课人就散了；而教育是长期性的，是以人为导向的事业。作为一家做教育的企业，我们要超越对利润的追求，重塑使命，把所有的一切都指向成就用户。所以，教育的定义不应该是一堂课，而是站在一个更高的台阶上帮助企业经营者提升经营管理能力。作为一个连续创业者，我体会过掉坑的代价，更深知爬坑的艰难。如果能够帮助更多像自己一样的人，去激发这群人的梦想，推动他们用产业报国，那么这将是一项能够改变世界的伟大事业。因为每一家企业的成败，都关乎成千上万个家庭的幸福，关乎社会经济的发展。

基于此，我们发愿要用数字化打造世界第一的实效商学院，这是公司未来的样子。在年会上，我们提出要重新定义公司战略：我们要做一只雄鹰，而不甘心成为一只苍蝇。我们必须立志高远，要飞得高，要向世界第一看齐。

在讲这段话时，我是哭着站在台上讲的。当然，如果不看视频回放，我根本就没有意识到自己哭了。虽然我内心坚信这个目标一定会实现，但是残酷的现实一时让人百感交集。

其次，我们用最简单的语言告诉大家什么是数字化。我们告诉大家数字化并不难，它是一种工作方法，它是从感性到理性，从语文到数字。我们要用数字化来成就用户，来做企业的决策、做管理、做流程、做产品、做服务。

然后，我们告诉大家接下来我们要如何把战略目标化虚为实，从“说的战略”变成“做的战略”，我们必须马上行动起来。我们告诉大家我们会带着高层找到世界级标杆学习，按照他们的标准来配置资源，缺什么补什么（这一点在前文中分享过）。我们会设计中国顶级的阶梯教室；会对软件资源进行升级；会邀请全球 75 年来最具影响力的管理工具平衡计分卡的创始人罗伯特·卡普兰来讲授战略；会邀请全球顶级的领导力大师博恩·崔西和巴里·Z. 波斯纳来讲授领导力；会从巴黎高等商学院引进全球排名第一的金融创新课程……

这是企业大的战略目标。在那次的动员大会上，我们不仅统一了大家的思想，让全员一杆枪，还把目标分解到每个人（主要是高层领导者）身上。以营销副总裁为例，因为营销线离一线用户最近，所以营销副总裁必须清楚一点：要以成就用户为中心，自己就要从上到下，再从下到上，与各个销售渠道逐层沟通讨论，直到将这个目标量化、完全分解下去。

分工一定要非常细：老员工做什么业务？新员工做什么业务？“特种兵”做什么业务？中层管理者做什么业务？每个岗位的动作都必须十分清晰，不能“放羊”。因为每一个动作背后都是企业的成本，如果动作无效，企业就会失败，最终得不到用户价值，员工也会流失。

只有当每个岗位、每个人身上都有自己的量化指标时，企业才真正实现了“千斤重担万人挑，人人头上有指标”。如果没有指标，就意味着这个岗位可以撤掉了。换句话说，在战略飞轮出来以后，企业就可以从人力资源部打印出一张“地图”来。对于哪些部门缺人，哪些岗位缺人，应该什么时间到位，企业都非常清楚。最终所有人都会被装进同一张网——天罗地网。这张网会按照时间节点，从年、月、日、时，将每人每天必须完成的量化目标分解出来。

在数字化战略目标自上而下地分解完毕后，战略飞轮就成为每个员工的具体目标。接下来，只要每个人把实现个人目标的每一项措施具体化，找到达标的具体路径，最终公司总体的数字化飞轮就自己“跑起来了”。如此一来，企业所有成员都被拧成了一股绳，所有人都围绕一个目标力出一孔，上下对齐、左右协同、前后贯通，这样的企业才是最高效的……

当我们在 2013 年年会上把这些分享给大家后，全场沸腾了。有的人感到不可思议，有的人感到兴奋无比，也有的人认为我们在吹牛……不管怎样，我在大家的眼睛里看到了希望之光。这种希望之光就是共识，它充满集体的力量，能够让我们在接下来的艰苦战役中所向披靡，百毒不侵，战无不胜。

最后，还是要用业绩来说话——

2013 年，行动教育集团面临创业史上唯一一次亏损。

2014 年，开始进入正轨，扭亏为盈，实现了 1 680 万元的税后利润。

2015 年，利润翻了一番，实现了 3 800 万元的税后利润，成功挂牌新三板。

2016 年，实现了 6 800 万元的税后利润。

2017 年，税后利润超过 1 亿元。与此同时，人效大幅提升，560 人完成了 5 亿元的销售收入。

从 2017 年到现在，行动教育每年业绩都在递增，即便在 2020 年新冠肺炎疫情给培训行业带来毁灭性打击的境况下，企业的收入和利润依然实现了双增长。

回望每寸沧海，反观我们当年在年会上做的数字化战略共识，就是回答了“三问”：为什么要做数字化——成就用户；数字化是什么——是一种成就用户的工具；如何做——定标、对标、标准。

当我们选择成为一只雄鹰时，这个高远的战略目标就决定了我们一个人干不了。所以，我们必须把一个人变成一群人，并且还得前赴后继、生生不息，才能支撑企业数字化飞轮的循环往复。

打什么学什么

解决了“为什么要共识”“共识什么”，接下来我们要解决“如何共识”的问题，也就是我们要用什么样的形式对数字化的“三问”达成共识。

全员共识就是解决全员对数字化认知的问题，认知如何解决？唯有学习。学习的方法有千万种，我给大家分享一下行动教育是如何学习达成共识的。

第一个抓手是“宣告日”。

2014 年，当我们在年会上向企业全员宣告了伟大的用户愿景后，我们知道要真正实现战略目标，意味着我们必须学习新科技，拥抱互联网。因此，我们在 2014 年 4 月 2 日那天，在行动教育做了一个“转型日宣告会”，并将这一天定为公司的互联网日，同时发布了行动教育未来 10 年的大智移云战略。在“宣告日”上我们讲什么呢？

我们让员工知道我们身处在一个互联网、大数据、AI 时代，我们是逃离不了的，必须面对和迎接挑战。我们之所以这样说，是要塑造危机意识，让员工知道数字化并没有从一开始让我们更简单，它反而让我们更复杂。我们要先把动作、流程、标准做出来，员工的工作量短期将会加大，但这个付出是值得的，先有耕耘才会有收获。

第二个抓手是培训。

为了完成这场变革，我个人对全员上下做过多少次培训呢？加起来，足足有整整 150 天的课程。

我带着行动教育的前 CTO 王海升到上海交通大学报了互联网班，每个月去上一次课；我带着高层管理者一起去硅谷，寻找互联网标杆公司，向它们学习如何用数字化成就用户；在企业每周、每月的读书会上，我们要求大家全部读数字化、互联网战略转型的书籍；我们聘请了很多在数字化转型上做得好的企业的专家到行动教育讲课……

学习的方法多样，这里不多说，关键在于企业经营者要明白学什么。有的企业是学习技术，比如开发某一个数字化项目的程序；有的企业是学习理论知识，懂得了很多数字化专业术语……

事实上，想达成数字化战略共识的企业最应该学习的是 4 个字：成就用户。在任何一家企业，无论哪个岗位、哪个部门的员工，无论参加什么样的学习，学习的核心内容永远要围绕一个主题：成就用户，这是以终为始。举例，在行动教育，上至集团总裁，下至一线员工，在学习数字化时，核心点永远只有一个：如何通过数字化成就用户。

企业的数字化战略共识的学习必须“真枪实弹”，一切围绕成就用户。打仗打什么，我们就要学什么。当然，共识的达成也不可能一蹴而就，除了学习以外，更重要的是要反复沟通。

总结一下，共识即趋势，战略飞轮共识的本质是通过全员一杆枪，将所有资源全部集中，将目标分解到每个部门、每人、每天、每件事，最后形成每个人的数字化飞轮。

一家数字化做得好的企业没有惊涛骇浪，只有重复，每人每天认认真真、踏踏实实、仔仔细细地把每一件小事做好，从上到下每天头拱地“死磕”。什么是头拱地？就是跪在地上灰头土脸。数字化一定要戒骄戒躁，要把根扎在土里面。日日练日日功，我们就是这样头拱地“死磕”，没有做什么壮丽的事业。

第2章

组织飞轮：搭建用户型组织

企业要转动的第二个轮子是“组织飞轮”。有了战略，企业就要搭建用户型组织，做到人、财、物、销的匹配，解决“谁来成就用户”的问题。任何一家数字化企业的成功，都离不开用户型组织的成功。

轻、薄、智、快的用户组织

有了数字化战略，提升 100 倍用户价值的战略仍是“虚”的。那么，谁来成就用户？对于这一点，很多企业没有找到根本。我们一起来看看没有找到根本的企业是如何做的。

A 企业在数字化转型的过程中，上线了一款给销售人员和用户使用的 App，目的是收集用户的精准需求，从而提升用户价值。其初心和目的是明确的，在实践中的表现却不尽如人意。首先，用户在填写需求信息时总会找各种理由推脱；其次，企业的销售人员一方面要花大量的时间处理用户非数字化渠道的需求信息，另一方面还要因在主要业务之外花费时间而被领导批评，耗费更多时间处理新的问题，工作量不减反增，销售部门为此叫苦不迭。A 企业的数字化转型坚持推行一年依然没有好转，只好放弃。

B 企业的经营者早在 10 年前就定下了数字化战略，为了完成战略目标，经营者在企业里做了数次宣传以达成战略共识。表面看起来，大家对数字化战略及战略目标已经达成共识，然而在实际执行中走了样。最突出的表现是，企业的业务人员在接触用户时，不是用户导向，而是领导导向。业务人员只做领导喜欢的事，却忽视了用户价值。比如在填写数据时，业务人员只填领导喜欢看的数据。两年后，B 企业因“轮子”转不动而不得不放弃数字化转型。

如果我们有心留意，就会发现类似 A 企业、B 企业的例子还有很多。“起了个大早，赶了个晚集”的情况比比皆是。“起了个大早”是说企业经营者有了数字化战略，“赶了个晚集”是说企业没有找到数字化战略的根本。

数字化战略的根本是什么？数字化战略的抓手是组织，根本也是组织。企业经营者一定要着手编织组织，甚至在数字化战略之前就要着手准备这件事。

什么是组织？“组”是组合，“织”是编织。组织就是为了达成一个共同的战略目标，将一群人科学、有序地组合和编织在一起。

从本质上看，数字化企业之所以需要编织组织，源头可以追溯到企业的基因选择。当我们选择成为一只雄鹰，要提升100倍用户价值时，这个高远的战略目标就决定了我们一个人干不了。所以，企业的数字化战略目标越高远，组织变革的需求就越迫切。

杨国安在《组织能力的杨三角》里说道："企业要持续成功必须掌握两大关键成功因素：正确的战略以及合适的组织能力。"他把企业持续成功的方程式表达为：成功 = 战略 × 组织能力。这两个因素之间是相乘关系，而不是相加关系，其中一项不行，企业就无法获得成功。

企业的数字化转型也是如此。企业如果空有正确的数字化战略，却没有与之相匹配的组织能力，最后的结果只能是"赔了夫人又折兵"。所以，企业经营者要通过数字化战略进行组织变革，进行组织的思想统一，通过组织让数字化飞轮有抓手。任何一家数字化企业的成功，一定缘于组织的成功。

举例，海尔创造的"人单合一"组织模式，最大的价值就是让一家大型制造企业拥有个性化定制能力。海尔从组织形式上做出创新，有效支撑了海尔"网络化战略""用户乘数""智能互联工厂"等数字化战略目标，并获得了业绩的持续增长。

这说明什么？这个组织的基因对了，高手一上来就抓住了关键——编织组织。2021年的“校长节”上，很多企业经营者在听完我们的“数字化飞轮”演讲后，回去就要落地实施。不过，很多人忽略了一个关键问题：企业的战略变了，企业的组织模式调整了吗？没有组织保障，数字化战略不可能实施下去。这里有三个问题：

- 企业要编织什么样的组织？
- 数字化组织有什么样的特点？
- 如何编织这样的组织？

以用户为中心

2021年，我们在与诸多企业经营者讨论“数字化企业”时，提出了一个问题：数字化组织以什么为中心？得到的答案各式各样，有的人说以技术为中心，有的人说以业务为中心，有的人说以数据为中心……更有甚者，不知道数字化组织以什么为中心，其根本没有这个概念，这让我们感到很诧异。

继续讨论后，我们发现很多企业可能都会出现类似的情况。企业里所有的人都忙忙碌碌，却不知道以什么为中心在忙。有一家企业的问题最为明显：这家企业的高管来自不同企业，能力、思维和工作方式与大家都不一样，在现场因为观点不一致起了争执。同时，这家企业的各个部门独立建立了制度、流程，相互隔着厚墙，一切从部门自身角度出发，没有考虑流程制度是否适合用户。这家企业的经营者虽然制定了数字化战略，但因为各部门工作方向、业务重点不一致，最终数字化转型失败。其部门领导和员工心中的中心与企业经营者认为的中心不一致，比如 CFO（首席财务官）认为应该以财务为中心，CTO 认为应该以数字化人才为中心……

企业由多个个体组成，不同个体的思维方式、工作方式、对工作的理解都不一样，对工作方向、工作重心的把握也不一样。如果企业经营者不解决组织以什么为中心的问题，就无法使大家心往一处想，劲往一处使，甚至出现南辕北辙、互相拖后腿的情况，组织就会陷入无序状态。组织从有序到无序就是熵增，这种状态如果持续下去，最后的结果就是“熵死”。

这种状态就好像没有中心轴的轮子一样，跑着跑着就跑偏了。因此，企业要编织数字化组织，首先要解决以什么为中心的问题，力出一孔，利出一孔，才能激活组织，实现数字化战略。

那么，数字化组织以什么为中心？

这个问题很好回答，数字化飞轮是以用户为中心，战略飞轮也是以用户为中心，商业的本质是要成就用户。所以，我们要构建一个以用户为中心的数字化组织或组织飞轮。组织飞轮要想长久、健康地“转”起来，要以终为始，回归以用户为中心的轨道上。

在行动教育的数字化转型过程中，我们借助数字化开展了一次大的组织变革。变革的第一个关键点就是构建用户型组织，以用户为中心，一切以用户为导向，以业务流程为逻辑，让数字在整个组织的上下层级中与左右职能间进行高效传输和共享，让所有人都能听见“炮火”。

让所有人都能听见“炮火”，如何理解？举例，凌晨一点，我们一个刚进入企业的销售员因为用户的问题拨打了一位高层管理者的电话，这位高层管理者必须接听——因为企业要求所有人都听见“炮火”。一名新员工敢于在深夜拨打高层管理者的电话，是谁赋予了他“越级”的指挥权？是组织！

这就是让所有人都能听见“炮火”的真实的案例，这个组织也是我们编织的以用户为中心的数字化组织。我们对“让所有人都能听见‘炮火’”这句话的理解是：“炮火”是用户的需求，是业务数据。这就是数字化组织应该有的样子：烟囱式的部门和领导权力被逐渐化解，一切以用户为导向。

到这里，可能有的人会问：没有了领导权力，还能干什么？

在数字化企业里，企业经营者负责战略，负责这场仗打不打、打哪里，不负责具体的任务怎么做；怎么完成任务，由数字化提供高效率的解决方案；完成什么任务，则要由各层管理者根据企业经营者的数字化战略来赋能系统。

正是基于对商业本质的理解，我们才把“以用户为中心”作为行动教育数字化飞轮的核心，其他四个飞轮（战略、组织、流程、迭代）都要围绕它来加速转动。面对如何通过数字化提升100倍用户价值的问题，我们在各种会议上用“唯一”“只能”这样的话反复定义企业“以用户为中心”的价值主张。

在这个主张中，我们把组织、业务流程、课程研发、产品、文化等，都注入了生命——面向用户生，否则便死。在这里真实代替幻想，执行超越创造，绩效高于过程，没有什么东西、什么人能够摆脱一个烙印：用户导向。

回望行动教育近10年的数字化历程，我们从未动摇过“成就用户”的核心，即使遭遇数字化项目的失败和企业管理层的质疑也是如此。面对充满不确定因素的外部环境，我们为了更好地服务用户，把企业的组织架构从金字塔结构变更为同心圆结构（后面会详述），把计划预算核算权力、销售决策权力，全部交到了一线业务人员手上，企业上下所有人都以用户价值为中心，围着用户转——让所有人都能听见“炮火”。

打不打仗，后方决策：怎么打仗，一定是前方说了算。我们要让前方指挥后方，不能是后方指挥前方。这样做的优势在于，让企业所有的人都能看到用户真实的需求，从而满足用户需求，成就用户，最终成就企业。

“以用户为中心”一直是商业成功的基石，数字化时代比以往任何时候都需要“以用户为中心”。组织飞轮要求企业经营者要回归以用户为中心，重新反思企业组织的结构模式。正如我们经常在企业所说的，“以用户为中心不是我们做的事情，这就是我们的本来面目”。没有什么比这更接近事实。

同心圆组织

现实是，“以用户为中心”“提升用户价值”……这些话语企业已经喊了很长的时间，说出来大家已经无感了。几乎每个企业都认为自己是以用户为中心的，至少我们从来没听哪个企业经营者说过他的企业不是以用户为中心的。道理都懂，但为什么企业在实践中走了样，无法快速实现对用户的响应呢？主要的问题出在哪里呢？

我们看到，最大的问题出在企业的组织架构上，有的企业经营者知道要构建用户型组织，也知道数字化企业要以用户为中心，但企业的组织架构还是典型的职能型、烟囱形或金字塔形。这种组织架构让组织中所有人都盯向领导，而不是用户。

为什么？我们以大多数企业用的金字塔组织架构来举例说明。

图 2-1 是金字塔组织架构，我们看到的是高高在上的企业经营者，在他的下面是一个固定不变的组织架构，有部门

一、部门二、部门三、部门四、部门五……我们把它们叫作组织。组织里面是职位，每个组织设定了若干个职位，有职位一、职位二、职位三……这又形成了组织决定职位。职位在干什么呢？执行工作任务。这时候我们又看到了任务一、任务二、任务三、任务四、任务五……任务的连接过程是流程。

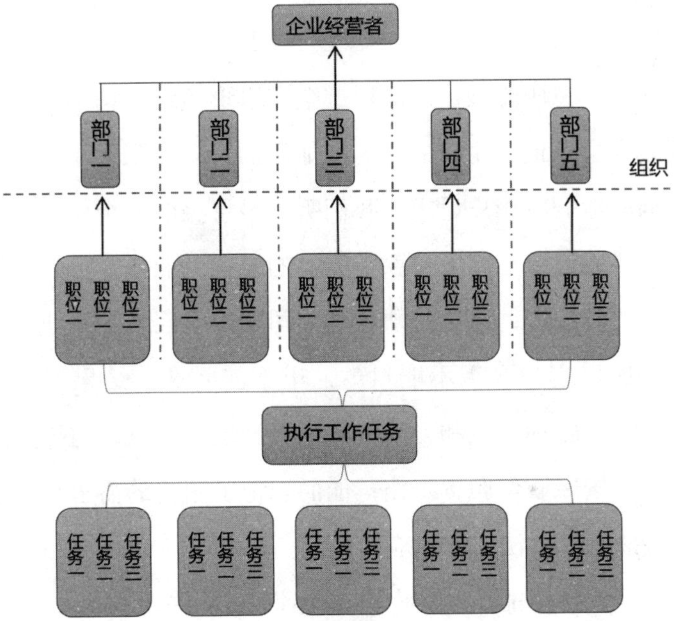

图 2-1　金字塔组织架构（传统型）

在金字塔组织架构下，我们看到的是组织决定职位，职位决定流程，流程最终来服务用户，而这个用户，早就被压在重重的结构之下。

其一，这样的组织架构被层级“纵横”切割，组织成了零散的豆腐块。这样错了吗？其实也没有。但它对组织中每一个人的要求都极高，大家必须都是高效的执行者，尤其是企业经营者，必须拥有强大的个人能力，能迅速、准确地决策。这意味着，被打碎了的组织，只能依靠“英雄”。这样的组织是把能力建在人的身上，建在“英雄”身上。

其二，在职能型、烟囱形或金字塔形组织架构下，最前线的业务人员是接触用户的人，但他们的决策权限最小，不能灵活、机动地响应用户诉求。我们听过最可笑的一个例子是，一个企业的用户要在周末付款听线上的课程，业务人员告诉用户说，企业有规定，付款必须付到公司账户，而现在企业财务放假了，所以用户今天不能付款，也不能听课。结果可想而知，用户走了。管理决策和方案层层汇报、层层审批，组织里的每个人仅仅按照职位职责工作，他们忘记了用户的需求是动态变化的，职责是无法完全响应的。

其三，在职能型、烟囱形或金字塔形组织架构下，企业内部各系统间服务与数据不共享，形成服务孤岛与数据孤岛，难以适应复杂、变化快速的业务。比如，底层的管理者报喜不报忧，或者只报告对自己有利的数据和信息，或者只报告能够支撑自己向企业索要资源的数据和信息，导致信息失真，数据衰减，企业经营者无法获得真实、有效的数据信息，最终决策失误。这意味着企业每次都需要重复造轮子，最后只会被拖垮。

所有的问题引发了一个思考，我们发现职能型、烟囱形或金字塔形组织是以自我为中心的，是以管理为中心的，是以控制为中心的，唯独不是以用户为中心的。用户提出的需求，组织无法快速响应，无法正确执行。所以我们必须颠覆这样的组织架构，让企业的组织以用户为中心，让组织里所有人的目光盯向用户。

如何颠覆？我们用的是同心圆组织架构。

2014 年，行动教育的组织架构由原来的金字塔结构变成同心圆结构，如图 2–2 所示。同心圆组织是把面向用户的业务部门画成“小圆”，若干分部门是围绕着小圆的大圆，企业各种利益形成的脉络则是连接大圆和小圆的线，宛若一个同心圆。

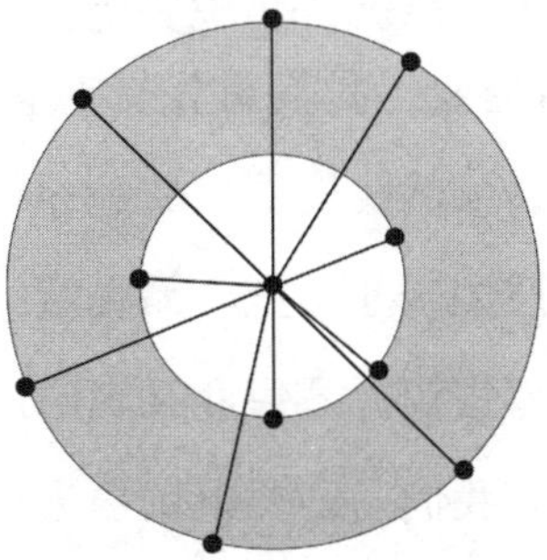

图 2–2　同心圆组织架构

同心圆组织是以业务部门为中心，由各个不同部门环绕组成的体系。就行动教育而言，包括企业、供应商、各分公司等。在这一庞大的体系中，每个环节上的主体是相对独立的，但根本目的是一致的——成就用户。正是“以用户为中心”这个无形的“结”将各个部门连接起来，组成共同体。

同心圆组织架构的特点是“轻、薄、智、快”。“轻”就是极简、科技，一眼就能看懂，一眼就能明白。同时“轻”也代表着打破等级，不再是从上到下的结构，而是点对点。“薄”是扁平化，数字化企业的组织应不断地进行“瘦身”，不断地进行简化，削掉冗余的中间环节，通过组织的扁平化、机构的合并化和团队的项目化来打造敏捷型的数字化组织。

举例，行动教育在两亿规模的时候，有 1 600 多名员工，2014 年我全盘接手之后，减掉了 1 000 人。人是减了，但我们的业绩比原来更高了。按照正常的逻辑，行动教育是 ToB（面向企业用户）型的企业，我们首先针对企业，然后再针对用户。但我们要直达，虽然我们是 ToB 型企业，我们也要去接触、服务用户。很多生产型企业，把产品卖给经销商之后就不管了，经销商把产品卖给零售商，零售商又卖给用户。现在企业都要以用户为导向，因此我们一定要以用户为导向，要全部跳到以用户为中心的维度去思考问题。所以，“轻”“薄”意味着我们要做减法，要在流程上、组织架构上做减法。

经营企业30余年，我有一个深刻的体会：做加法容易，做减法很难。企业决定开一家新公司、成立一个新部门、开辟一条新的产品线……做加法总是人人鼓掌，而做减法是得罪人的，因为做减法意味着要伤害到许多人的利益、面子、汗水……从这个角度看，同心圆组织架构本身是反人性的。

但是，我们要劝诫所有企业经营者：再难也得做，管理本身是反人性的。大多数人会选择做自己喜欢做的，而不是最重要的。但是，真正重要的不是我们想干什么，而是我们应该干什么。我们要做真正为企业贡献价值的事情，而不是凭自己的好恶做事。

“智”是依靠数字化精准决策，“快”是简单、高效、快速、直达。我们要把整个决策和管理建立在组织上，把价值建立在组织上，而不是建立在人上，这样才能保证数字化组织能力的稳健性。

在传统型的组织架构里，我们不知道用户在哪里，不知道员工在干什么、该干什么、不该干什么，我们甚至不知道员工每件事都干好了没有。在同心圆组织架构里，所有的流程一清二楚，我们知道员工在哪里、在做什么、如何做这个动作、做了几次，所有数据一目了然。

同心圆的组织架构，最大的意义在于为用户带来更好的服务，提升100倍用户价值。同心圆组织架构，让组织里的每一个人都以用户为导向进行自主管理，从而构建出能够应对各种不确定因素的敏捷型数字化组织，培养出共识、共担、共创、共享的人才队伍，为组织的数字化发展奠定基础。

从金字塔到同心圆的实践是非常广阔的，下面分享一个行动教育的真实的实践案例。

在传统的金字塔组织架构下，行动教育的销售职能由多部门分别负责：销售部门负责用户关系管理、合同管理，课程研发部门负责课程设计方案……这时，整个销售流程处于支离破碎的状态，用户的信息和需求无法真实反映到课程研发方案和产品服务交付中。在同心圆组织架构下，一切都会不一样。我们通过思考“端到端”的销售与回款流程，在核心流程下形成了以用户经理、方案经理、交付经理为核心的“铁三角”模式，如图 2-3 所示。

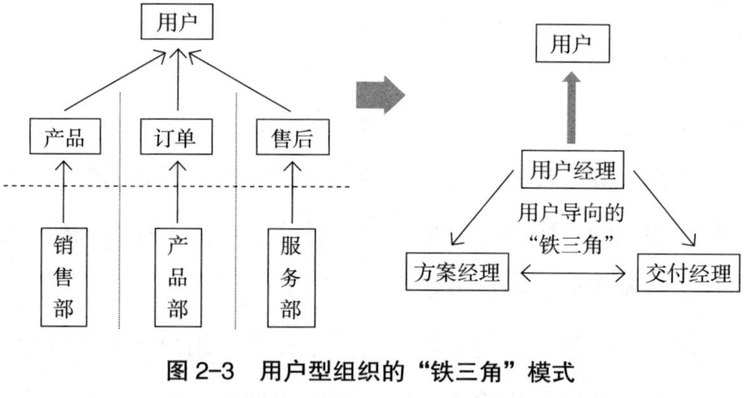

图 2-3　用户型组织的“铁三角”模式

在“铁三角”的背后，支撑它运作的部门不再是管理系统，而是赋能系统。

总结一下，企业经营者要将组织编织成用户型组织，让所有人以用户导向，管理者从过去的“管人”“管事”，转变为服务用户、服务员工、服务组织。只有这样的组织架构，才能激活组织里每一个人的主观能动性，最终实现企业数字化战略。它的核心逻辑是这样的：用户的需求激发个体，个体激发组织，组织在不断提升用户价值的过程中实现提升。整个组织飞轮就滚动起来了，而且是自循环的。

“CEO 法则”

编织用户型组织，要求企业经营者和组织为数字化生存方式做出改变。改变，就意味着要放弃。组织要放弃原有的思维、原有的经验，甚至放弃原有的成功。这种放弃，是一种痛苦的经历。

我们之所以说这是一个痛苦的经历，是因为这一过程需要企业向自己发起挑战。从对一些数字型公司的了解中，我们发现其思维模式完全是以变革的方式展开的。变革的最大挑战是什么？是放弃自己原有的习惯，这也是最难的部分。我们在实践数字化组织飞轮时得出一个结论：组织飞轮中最难的不是接受新观念，而是放弃旧观念，不放弃旧观念就无法接受新观念。

编织“轻、薄、智、快”的用户组织是一个循序渐进的过程，行动教育用了3~5年的时间将组织完全变为用户型组织。这些年里，我们一次次迭代自己的经验，一次次纠正自己的认知，到现在已经形成了相对成熟的方法论，也帮助若干企业推动了数字化组织转型。

如果以同心圆组织作为方向，那么企业打造用户型组织能力需要遵循三大法则。或者说，组织能力有很多具体形态，而用户型组织所需要的组织能力是与众不同的。我们认为，这种组织能力应该遵循三大法则。

第一个法则：文化（Culture）

德鲁克有一句名言：“文化能把公司战略当早餐一样吃掉。”意思是，不管企业有什么样的战略，没有与之匹配的文化作为前提，失败是迟早的事情。我们要编织用户型组织，必须塑造与之匹配的文化。

“江山易改，本性难移”，文化就是组织的“本性”，注定“难移”。我们很容易被能轻易看到的企业标语和企业文化衫蒙蔽，以为这么做，文化就已经深入员工内心。实际上，员工的内心，也就是他们的思想与价值观，我们看不见、摸不着。企业经营者和高层管理者常常会忘记观察、体会员工的内心，最终“以为”的，和员工实际“感受”的，完全是两回事。

行动教育是如何塑造用户型文化的呢？

2013 年，为了编织用户型组织，我们升维了企业的使命。作为一家做教育的公司，我们要超越对利润的追求，重塑使命，把所有的一切都指向用户价值。所以，教育的定义不应该是一堂课，而应站在一个更高的台阶上，帮助企业经营者提升能力。作为一个企业经营者，我体会过掉坑的代价，更深知爬坑的艰难。如果能够帮助更多像我一样的人，去激发这群人的梦想，推动他们用产业报国，那么这将是一个能够改变世界的伟大事业。因为每一家企业成功，都关乎成千上万个家庭的幸福，关乎整个社会经济的发展。基于此，我们的文化价值观开始升维，我们的使命变成了“让实效改变世界”，我们要打造世界级的商学院。

过去，作为董事长，这种使命的价值我只能对核心领导人讲，但是他能接受吗？能接受多少？这都是未知数。现在，作为总经理，我可以重塑企业的价值观：从利己主义转为用户主义，并提出了“诚信为本，实效第一”。将用户主义的价值观内置在日常工作中，落实到每个实际场景，并不断反思，每日改进，才能上行下效，将用户主义渗透到企业的灵魂，渗透到每一个人的血液，变成每个人的信仰。这样，在面对用户的时候，用户主义成为潜意识里的第一反应。

第二个法则：授权他人（Empower）

构建“以用户为中心”的同心圆组织，意味着业务部门的权力更大了。企业经营者都清楚，如果企业构建这样的组织，会有出现“山头”“诸侯”的风险。历史上，各个朝代基本都是中央集权管控的模式，汉朝有“推恩令”，清朝搞削藩，本质上都是收权。企业也是如此，如果企业经营者把权力交给了各个分公司、业务一线人员，难免就会出现“诸侯”现象。

如果情况严重，甚至会造成企业的内斗和分裂。正因为这样，很多企业哪怕总部机关臃肿、流程烦琐、效率缓慢，企业经营者也不愿意把权力放下去。这是人性使然。

所以，构建用户型组织，关键在企业经营者自己是否真的愿意放权，改变自己。举例，一次，一位企业经营者带着团队成员和我们交流，很高兴地告诉我们，他也按照我们所提倡的用户型组织模式变革了自己的企业组织模式。但是，在深入交流后，我们发现他没有真正构建用户型组织。我们问了他一个问题：“如果这家公司内部意见不统一，如何解决？”他回答：“当然是我说了算。”而其他组织成员都不说话。这家企业在形式上设立了用户型组织，事实上依然是企业经营者一个人说了算，原因是他已经习惯了。这就是今天企业经营者面临的最大挑战：愿不愿意成为成就用户的“服务者”，而不是其中的领导者。

我们也曾经面临过这样的人性挑战。

2014 年，我们决心做数字化企业，打造同心圆组织。但我们的前任总经理把行动教育的组织架构做成了阶梯制，整个级别有13级，从上到下有多种维度，从总裁、副总裁、助理、秘书，然后到事业部，到子公司，再到员工，中间还有不同的助理和秘书。我们当时面临的最大挑战就是人事问题。

我们首先要谈的是组织的改变，因为从战略到落地，是组织肩负着所有功能。如果一个企业没有组织，它的功能就不全，组织就相当于一个生命体的心肝脾肺肾的功能。组织又意味着组合，它要把所有零散的力量组合在一起，变成整体力量。

所以一个强大的企业一定有一个强大的组织，它的所有强大能力里，组织能力最强大。组织能力就是把“点”和“线”变成了一个“面”和“体”的组织，其他东西原本都是散的，但是组织的力量把大家串在了一起。就像建立一个公司，就是组织逻辑，不然我们只能作为个体户一个人去干。我们需要通过组织、通过企业，把大家串在一起，给大家分好工，这样才能建立起一个有生命力的公司。

因此，组织不可能不要，也不能减，功能也不可以丢，我们只能来设计怎么让组织更高效，这才是我们要做的。

怎么做到高效呢？刚好今天是数字化时代，我们就通过数字化，以成就用户为中心，然后一切实现点对点、端对端。那么这个时候我们应该怎么办呢？

我们从金字塔结构转为前面提到的同心圆结构，以同心圆结构重新构建组织班子。所有人被分为专业人员、管理人员、员工，全员都是以业务为中心。在我们把这个问题想通了之后，业务流程就不是从上到下层层汇报了，而是以业务为中心反馈到第一责任人这里，解决不了的才需要往上汇报，解决得了的就要自己解决。

这样整个组织就会更高效，原来 4 级，甚至 11、12 级的组织架构，没有了，现在的同心圆结构只有两级。从集团层面的功能来看，分成了专业级和业务级，这两级甚至可以是并列的，圆心就是用户。

为什么是两级？我们画出两级是为了清楚表达给员工，让员工清晰理解，一个是集团总部的圆圈，一个是子公司的圆圈，专业级加业务级的子公司圆圈都在集团总部的圆里面。如果我们不这样呈现给员工，员工会疑惑总裁、副总裁的功能在哪里。但是对用户来说，这些都是一样的，只有一级。

所以，编织用户型组织，我们做好准备了吗？

第三个法则：一致性（One principle runs through it all）

经常有学员问我："李老师，我们也编织了用户型组织，为什么效果不好呢？"

因为虽然我们这里强调的是组织，但是，编织用户型组织不仅仅是一个简单的组织架构调整，而是从企业的文化、价值观，到领导者的以身作则，到服务用户的人员选择，到整个流程、机制，到资源配置……如果这些东西都没有做到位，那么我们的用户型组织只是一个伪用户型组织。

所以，在调整组织架构的同时，我们必须要把一致性做到位。尤其是在人才、资源的配置上，一定要用最好的人才和最好的资源去服务用户。无论我们从多么细小的角度切入，企业从上到下所有动作都是一致的，都指向用户价值。

归根结底，用户型组织是从上到下的一致性，我们从企业经营者、领导者、中基层、员工身上都能看到，一切都指向用户价值。而且，这个导向必须长期一以贯之，能够做到在利益面前不会被诱惑，在困难面前不会被改变。无论是在亏损还是"生死"面前，我们都能坚定不移，这才是真正的用户型组织。

搭建用户型组织的"四支柱"

有了数字化组织，接下来企业经营者要学会"搭班子"。如果把打造以用户为中心的轻、薄、智、快的同心圆组织比喻成企业的筋骨，那么"搭班子"相当于企业的血肉。

一个好的数字化班子，才能保障企业数字化战略执行的质量，才能不断地反思创新、持续变革。从某种意义上来说，"搭班子"成功了，数字化飞轮就成功了一半。

我们要搭建什么样的数字化用户型班子？抓住"牛鼻子"：搭建功能齐全的数字化用户型班子。一个健康的企业就像一个健康的人，心、肝、脾、肺、肾一个都不能少，因为五脏各有分工。麻雀虽小，五脏俱全，再小的企业也要搭建功能齐全的数字化用户型组织。其目的是取长补短，优势互补。只有功能齐全，才能保证整个组织飞轮的完整性，确保组织各部门协同，形成合力去提升用户价值，成就用户。

那么，功能齐全的数字化用户型组织包括什么？一个功能齐全的数字化用户型组织包括人、财、物、销，它们是数字化用户型组织的“四支柱”，如图 2-4 所示，就像房子的四根梁，是当下数字化企业应有的标配。

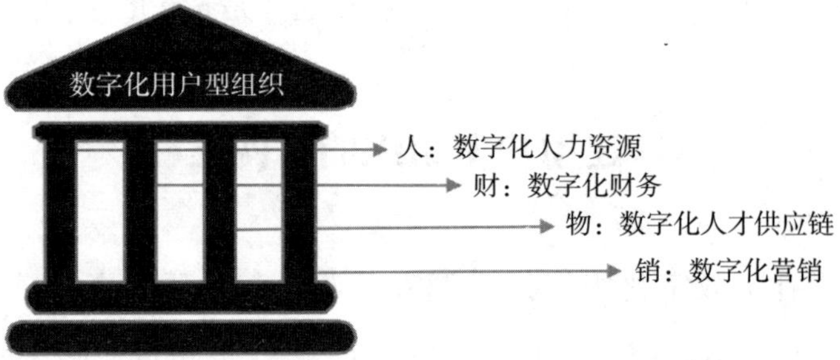

图 2-4　数字化用户型组织的“四支柱”

谁来负责搭建数字化用户型组织？这里以企业经营者为例阐述搭班子的逻辑。但是，这并不代表只有高层管理者才需要搭班子。实际上，搭建数字化用户型班子是一个从上到下的系统工程，只要是管理者，就必须培养搭班子的意识和能力。从企业经营者往下，每条专业线的管理者都需要层层搭班子。企业就像军队一样，从师长、团长、营长、连长、排长到班长……只有像这样一层管理一层，总裁管理副总裁，副总裁管理总监，总监管理经理，经理管理教官，教官管理新员工，数字化组织才可以快速实现裂变。

“人”

“人”是指企业的人力资源。任何事物的推进，都离不开人、财、物三个要素。其中，人是最关键的。在前面说过，数字化转型，“转”的就是人。商业成功的规律也告诉我们，先重人，后重事。因为事在人为，有什么样的人，就会造就什么样的组织。只有用对了人，事才会做得好，组织才会变强大。所以，在数字化用户型组织的“四支柱”里，搭建数字化人力资源班子是排在第一位的。

一位企业经营者分享过这样一个例子：一位面试者在他的企业办理入职手续时，放弃了这一工作机会。人力资源觉得很奇怪，询问他放弃的原因。面试者回答说：“因为我在办理入职手续时，填了太多的表格。我认为企业太落伍了。”

虽然这名面试者放弃入职企业的理由乍一听有些可笑，但作为企业的人力资源、企业经营者，笑声过后我们应该思考的是，随着信息技术的快速发展，企业要在激烈的竞争环境中立于不败之地，就要紧跟时代步伐，实行全面数字化管理。如何搭建数字化人力资源班子，支撑整个组织飞轮的运转，就成了悬在企业头上的“达摩克利斯之剑”。

2013 年以前，也就是在行动教育做数字化转型之前，我们的人力资源管理是散的、乱的，比如在招人、绩效上面，我们往往是凭感觉，看不准。当时人力资源把焦点放在日常事务方面，比如人员的进出、各种手续的办理等，多如牛毛的日常事务占据了人力资源的主要工作时间。

2013 年行动教育实行数字化管理以后，我们开始搭建数字化人力资源班子，有了自己的数字化人力资源系统。在整个数字化人力资源管理系统里，每个员工进来的完整流程——他的入离职、请假、编制；他在企业里的升级、降级，职位的调动；他的考勤、假期；他的薪资构成，比如底薪和绩效的考核；他的培训、报表分析……所有和员工有紧密关联的信息都要留存成数据，都要能在手机上看见。而且不仅要他看得见，我也要看得见，其他的领导也要看得见。所以整个系统数据集成是通过 OA、CRM 系统，全面打通人、财、物。

在过去的人事管理上，比如招聘管理、入职流程、考评等，占据了人力资源的时间，造成管理效率低下。如今，我们可以运用数字化管理系统进行人事管理，所有的流程都可以在线操作，人力资源可以一键核算、一键发放、一键触达。我们只需要设置好标准，这些都可以在后台进行运算，不需要我们自己计算。数字化提高了人事管理的效率，以前招聘一个人要花费1天的时间，现在只需要花费10分钟。图2-5是传统人力资源管理和数字化人事管理效率提升对比图。

传统人力资源管理		数字化人事管理	
招聘流程管理	1天	全流程在线操作	10分钟
办理入职	0.5天	员工扫码填写	5分钟
考勤打卡	3天	数据同步，一键核算	20分钟
计算工资	1天	自动生成工资表	10分钟
工资条发放	0.5天	一键发放	2分钟
员工信息盘点	2天	智能调取	5分钟
人事月度报表	1天	仪表盘自动生成	5分钟
用工风险防范	0.5天	实时监控、提醒	1分钟
审批流程管理	0.5天	全程线上，一键触达	2分钟

图2-5　传统人力资源管理和数字化人事管理效率提升对比图

总结一下，在我们把人力资源数字化后，至少给企业带来三大好处：支撑战略，提高劳效；支持业务，提升水平；实现自助，提升效率。如今，经过9年的变革、迭代，我们的数字化人力资源已经逐渐走向更全面、更稳定的状态。在这一过程中，我们也总结出一些实践经验和方法，并把它称为数字化人力资源“六化”。

人力资源战略化

今天的人力资源要以战略为导向，企业要找什么样的人、人从哪里来、有什么样的战略、应该配置什么样的组织，都是企业经营者和人力资源要思考的问题。正如戴维·尤里奇所认为的，人力资源应该像 CEO 一样思考如何帮助企业取得更好的发展，人力资源管理要切切实实参与战略的制定及落地，并成为各业务部门的战略合作伙伴。人力资源要支撑业务，完全地匹配业务，这就是人力资源战略化。

人力资源战略化如何落地？答案就是通过数字化平台招到以用户为中心的人才，同时通过建立数据模型，为高层领导的战略决策提供数据支持。

实际上，许多企业的人力资源一听说企业要做数字化，就会一股脑地全面收集数据，好不容易整理完所有数据，通过算法得出结论之后，却发现这个结论毫无用处。为什么会出现这种情况？因为人力资源在一开始没有对数据进行筛选，没有思考究竟哪些数据有价值，甚至根本就不了解企业的战略与业务流程。如果人力资源连这些都做不到，那么又怎么能得到可以用于决策的结论呢？当数据没有办法满足我们的分析需求时，这些数据就是无用的。

所以，人力资源要真正实现战略化，首先要对战略和业务进行理解，在战略的基础上理解业务，这个是非常关键的。

所谓“炸掉”人力资源部，不代表人力资源部就此不存在了，而是它需要深入各个业务部门。人力资源只有懂企业战略、懂业务，才能为企业经营者提供足以支持决策的数据分析、理解判断，才能为企业提供可落地的行动方案。

举例，我们在2021年让人力资源部负责人杨静到业务部门轮岗，让她吃住用行全部与业务部门的人在一起，让她去做销售、拿结果。为什么我们要这样做？目的就是让她深入业务，了解业务，了解企业的战略。她在业务部门沉浸了几个月后，再回来做人力资源，马上就明白了应该收集什么样的数据，应该做出什么样的数据分析为我们提供数据支持。

人才招聘数字化

人力资源数字化的重点还是在于人，而数字技术能在“选、育、用、评、留”层面为人才管理赋能。所以，接下来人力资源数字化是在这些层面逐步实现在线化、标准化、自动化。

许多企业招聘环节的操作依旧保留了传统流程：官网通道、毕业季校招、招聘平台信息发布……这些传统流程的共性在于，无论最开始接收简历的动作是在线上还是线下，再往后的所有操作都集中在线下，不仅费时费力，最终决策也非常依赖人力资源的直觉与经验，招错人的沉没成本非常高。然而，数字化能为我们的人才招聘带来以下方面的改革与创新。

招聘渠道在线化

2020年，三一重工在抖音“云招聘”，一场招聘会线上围观人数超15万，投递简历超600多份，招聘效果远超以往线下招聘宣讲。仅2020年的“抖音直播春招”，就有包括20家世界500强企业在内的近300家名企在抖音面向应届毕业生开启线上宣讲，覆盖人群近800万人次。

在线招聘渠道的创新当然不必局限于抖音，事实上流量在哪里，企业的目标人才就在哪里。因此，各大直播平台、视频平台、社区平台，甚至游戏平台，只要能实现即时交互的地方，都能成为企业的招聘窗口。

选拔方式在线化

在传统的招聘管理系统里，要么是没有人才，要么是有海量的人才信息。这些信息虽然海量，但它们是真实的吗？是正确的吗？我们都不知道。企业在招聘时判断的标准是什么、该怎么衡量？我们也全部不清楚。

如今，我们已经发展出了简历解析技术，即通过信息抓取动作识别简历中的主要信息。该技术包括传统机器学习模型、概率图模型、深度学习模型等多个智能模型，可以实现1小时从3万份简历中筛选出200名左右优质候选人的高效选拔。

下面，我们以行动教育的“招聘数字化”的应用具体说明。

2021年，为了解决这些招聘痛点，我们进行了数字化人才测评“三部曲”：建模→测评→画像。

以行动教育学习官人才测评为例。在建模阶段，一位普通的行动教育学习官的“德”是价值观，即成就之心，包括成就用户、成就团队、成就社会；“才”是这个岗位必备的能力，包括自驱力、学习力、业务力、勤奋力和意志力。面试官在面试这一岗位时，要如何判断一个人的这些能力呢？我们把这个岗位的各项能力全部数字化，每个能力对应具体分值。

在测评阶段，首先，人力资源会在ERP（企业资源计划）系统的后台根据面试者面试的岗位建立测评，选择测评模型，以邮件和短信的形式通知面试者按要求作答；其次，当面试者在规定时间内完成岗位测评后，人力资源会在后台选择导出报告；再次，系统会自动生成基于学习官模型的测评报告；最后，总分小于4.8分为不合格，人力资源无须推送复试，总分大于4.8分者，人力资源会关注低分项并针对性发问。

在画像阶段，我们找到了顶级的人力资源机构——北森，其帮我们构建了“北森GPI个性测评”。通过GPI个性测试，我们可以发现绩优人员具备的个性特征。测评主要对绩优人员的30项个性维度进行了打分，在结果中，平均值大于7分的是成功愿望（7.44分），平均值在6~7分的是说服力（6.94分）、竞争性（6.8分）、权力动机（6.66分）、意志力（6.31分）和乐观（6.16分）。

一个人的分数线只有达到了我们规定的分数线，才能进入二面、三面、四面，如果达不到一开始的分数线，那么一切也不用解释了。在分数上我们需要注意一个问题，这里的分数测评并不单纯是一个总分问题，这里还有很多个细分项。我们想要了解的所有细节，无论是刚刚我们提及的学习力、奋斗力，还是诚信度，在这个系统里都有自己的分数测评。我们在看到了系统给出的数据之后，就要了解数据是怎么分析他的：他的最高分是什么？为什么这里这么高？这个高分是我们想要的吗？他的最低分又是什么？这个低分还有提升的余地吗？

有的能力我们不一定需要高分，所谓“物极必反”；有的能力或者性格是无法后天在短期内养成的，所谓“江山易改，本性难移”，一旦这样的地方出现低分，我们基本上也要放弃；相反，有的低分可能存在很大的成长空间，我们可以通过后期培养拔高这点，只需我们后续持续关注员工在这方面的成长。所以，有的时候，我们也许会觉得一个人还不错，无论是综合能力还是个人外表都还比较满意，但因为他的背后有某一项分数是不合格的，我们就只能放弃。这就是这个系统的逻辑。

我们在看完全部的数据之后，再对面试者进行针对性的发问，即在我们需要进一步了解的问题上发问、沟通，建立场景，让他解决、回答。对我们的招聘工作来说，这种精准识别大大地提高了工作效率及精度。

所以，这个系统的逻辑就是通过数据进行人才筛选。通过数字化人才测评，我们不再相信形容词，而是更相信数学。数字化人力资源管理实际上就是倒逼我们把人力资源管理数字化，这样会更加简单、精准。

入职在线化

招聘的最后一步，是面试评估后的入职。传统的入职流程是入职者到企业报道，填写一系列表格，然后进入部门。图 2–6 为行动教育入职在线化流程。通过数字化人力资源系统，除了入职者可以在线收到入职通知和在线办理入职等显而易见的操作，更具价值的是从他入职开始，系统就会生成全部相关的文档和流程，如岗位说明、用工协议、入职须知及内培安排等。这些文件经相关流程审核后自动流转到相关入职节点的操作中。

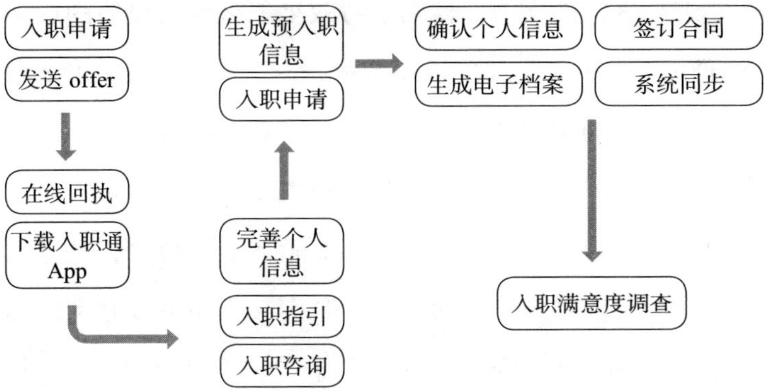

图 2–6　行动教育入职在线化流程

人才培养数字化

把人招进来后，接下来企业要进行人才的培养，所以我们要把人才培养数字化。

过去企业对员工的培训较多依赖线下培训，这样的培养模式有四大弊端：一是成本高、转化低、落地性差；二是“脚踩西瓜皮”，想到什么学什么，不成体系、零碎化；三是不能将已有成功经验与标杆经验进行萃取、沉淀、复制；四是缺乏一套可落地、可视化、全流程的学习跟踪评估体系。数字化技术使得人才的培养从“标准化训练”转变为“因材施教”，从普适的“最佳实践”到精细的“私人订制”，实现大规模个性化培训学习，重构了人才培训的场景。

以行动教育人才培养数字化为例。我们建立了“OMO 数字商学院”系统，在数字化平台上，一个人应该学习什么，为什么要进行这样的学习，他的学习效果怎么样，最终的成果又怎么样……这些情况都可以用数字量化。在“OMO 数字商学院”上，员工的学习情况看得见、摸得着。比如，当一个人告诉我他热爱学习，我打开他的学习报表就能知道他是否真的热爱学习。如果他的“学习报表”上显示他学得很少，甚至没有学，那么他可能是一个伪学习者。我们甚至还可以看到他的学习场景——如果他是从晚上 9 点一直学习到晚上 11 点，并且连续几天都是这样的学习时间，我们基本可以判断他是在家里进行的学习；如果他是早上 7 点 10 分开始的学习，那么我们基本能判断出来他是在开车的途中学习的。同时，我们还可以看到他的学习效果，检查他是否通过了“学、练、考、评”。

总之，通过数字化系统，我们可以判断每一个人的学习情况、考核情况，让企业每一个人的学习变得随时、随地、随需，可量化、可追踪、可管控。

人才任用数字化

招聘之后，要任用人才。人才不同于其他资源的特点之一，就是人的能力有弹性，且能量无法估量，可以将合适的方法用在合适的地方。人才任用数字化有以下三处新突破。

组织在线

这是一切的基础，所有组织结构都可以依据权限在线设置、调整。员工入职后即在线进入所属团队，无论是横向的流程关系，还是纵向的权力归属，整个组织架构全貌他都能在线看到，从而实现整个团队的信息共享与透明化管理。

任务在线

组织在线之后，每位员工都能在线上找到与自己相适配的能力标签，与此同时，实现任务在线，工作任务也会被数据化、标签化。因此，任务的分配将变得快捷、准确、透明、公正。比如网约车平台会同时存在抢单、派单两种模式，且会根据积分逻辑向成绩优秀的人派发更多订单。

协同在线

协同在线通常应用于项目管理，即将项目从立项、任务分配、进度追踪、信息交互、协同发布，到会议决策的整个流程在线化。以行动教育为例，其中跟进客户、成交客户、客户签约打款、客户学习等是一个常态化的流程，这里面涉及多个部门，包括业务部门、财务部门、课程研发部门等，我们在数字化系统上在线共同协作，效率将会大大提升。

绩效考核数字化

传统绩效考核方式包括360度绩效考核、民主评议法、关键事件法、比较法、平衡计分卡、关键绩效指标法、目标管理法等，这些方式大多是定性方式，主要通过管理者对员工打分或同事互评、自评的形式，带有很强的主观性，会因为打分者的个人偏见、思维习惯、宽严度不同导致评分误差，造成不客观、不公平，而且数据搜集成本高、费时费力。当员工、任务、业绩都可以被数据化，分工和管理都能够在线化时，数字化绩效管理就呼之欲出了。

目标在线

绩效管理的前提是制订目标。在目标在线后，员工打开自己的用户端就可以看见当月指标数、工作项目数，实时且透明。

计量在线

许多普通员工之所以认为绩效考核形同虚设，除目标分配不公等客观因素以外，还因为员工不清楚自己的实际收益，同时收益兑换不及时。对绩效考核的改进，可以视作对考核计量的可视化革新。企业可以根据自身业务特征与管理性质，提取匹配自身的绩效量化要素与测量模型，让每一位员工都能通过数字化系统实时观测自己的收益。比如网约车司机每天都能即时看到自己的订单数、现金流水、完成度、可提取报酬等实时计算出的绩效信息。

比如，行动教育的“学习官”可以在系统上看见自己的目标，自己有多少客户，自己的签订订单、回款情况，也能看见行动教育的红线——电网最低指标。他可以在手机上看到他的积分管理、漏斗管理，也能算出来自己当月的绩效。所有这些数据都是实时可查的信息，都是数据在背后支持，而不是凭一个模糊的感觉。

离职管理数字化

在传统模式中，企业只有在员工明确表现出离职意向，甚至直接提出离职申请时，才能开始进行留任干预，这是被动型离职管理。离职管理数字化后，企业可以实时监测员工状态，并同步收集员工的相关信息，同时，还可以通过分析历史离职行为与大数据特征，提前建立离任预测模型。这时，我们就可以通过对比分析提前识别具有离职倾向的员工，为人力资源争取主动干预的时机，并协调安排新员工招聘、工作项目交接等可以大幅降低企业损失的工作。

举例，行动教育通过对员工日常工作行为数据进行收集、分析和挖掘，获得员工满意度方面的数据；通过基于大数据的行业人才趋势报告和薪酬报告获得外部人才竞争情况，有了重大发现。比如，我们以为企业想要的是这一类员工，但是最后发现相关的特质并不能在我们公司出现。比如一个人的抗压能力，我们以前认为抗压能力越强越好，这个能力在我们心里一直都是一个好指标，从来没有想到过它会是造成企业人才流失的核心原因。直到后来我们复盘了人才流失的数据才反应过来，这个指标恰巧是过去一年多时间里流失人才的共性。原来在这一项上我们是打钩的，现在我们发现判断失误了，所以就马上通知所有招聘官将这一项的指标降下去，新的标准立刻就制定出来了。这次复盘就暴露出我们的流失率主要作用在哪一方面，在抗压能力这一个指标上，我们要严防死守。

我们之前接到了一位校长的电话，他问我们：“李老师，我们列出了我们公司 10 年以来流失的员工，请问您能告诉我们这些人为什么会流失吗？”我们当时回答他，这件事根本不是一句话就可以回答清楚的。我们的员工为什么会流失，如果我们凭感觉去猜测的话，那么一定会错误百出，就像当初行动教育被“感觉”误导一样。

当企业在人力资源管理中实现“六化”后，在人才的选、育、用、评、留上，我们想要什么样的人、进来了多少人、出去了多少人，以及离开的人为什么离开、他们都是什么样的人，我们都能通过数字化人力资源的分析测评表的数据知道答案。我们可以调出测评表复盘，查看他们在各方面的分数，他们的共性是什么。我们还可以通过这些数据得到人才的完整生命周期表。从员工进来的时间、待过的部门，他的业绩、成果、杰出贡献、奖项，乃至他的考勤，全部都包含在这个生命周期表内。甚至企业对这个人的投入和产出回报的效益表，也能在生命周期表中体现。

除了以上的内容，数字化人力资源的终极目标其实是“业务人力一体化”。人力资源管理并非许多人所认为的那样孤立存在，在实际工作中，“人力”要服务于“业务”，“人力”和“业务”不能变成互不相干的两张皮，只有“人力”赋能“业务”落地，才能真正实现企业的战略落地——这也是数字化人力资源最需要解决的问题。

总的来说，数字化人力资源不是上线一个软件那么简单的事情，它是一个历程，一个需要企业经营者以开放的心态拥抱变化、坚定改革、持续完善的历程。

“财”

“财”是指企业的财务。经营企业需要钱，企业的资金从哪里来，用到哪里去？如何使用和管理资金更高效？如何持续提升财务管控和价值创造能力，助力企业战略落地？如何让财务数字辅助经营者预测未来，基于准确的信息应对危机、做出决策？这些都是财务需要解决的问题。

财务是企业天然的大数据中心，是企业数字化转型的切入点。按照我们的实践经验，在组织飞轮里，财务是最早搭建的数字化用户型“班子”。为什么数字化企业要先抓财务？因为数字化财务可以将战略、组织、产品、人力资源、IT 和用户全部打通，提前将整个数字化飞轮量化，实现先胜后战。

数字化财务的角色定位

2012 年，在数字化转型之前，行动教育的财务总经理、负责企业核算的陈纪红是这样看待传统财务工作的：数据管理靠Excel[①]；沟通靠微信和邮件；进度催办靠电话；制度跟进靠口头和书面解释。她表示："我们的财务人员每天大部分的时间都浪费在一些琐碎且重复的事情上，这样的工作状态一则导致工作效率低下，比如月报平均5天制作完成，报销审批平均15天才完成。二则错误率高，财务数据全靠人工，这样的工作状态造成数据重复，无法为企业提供决策依据……"

这样的财务在组织里扮演的角色是一个"账房先生"。什么是"账房先生"？就是企业的财务只负责管钱、算账、管税。"账房先生"式的财务角色定位，导致财务的功能仅仅是简单的"记录仪"，无法实时、全面地采集和处理数据，无法实现对风险的有效控制，也不能向经营者提供决策支持。很多企业辛苦了一年，到年终结算时才发现企业根本没有赚到钱。这样的企业犹如盲人开车，手握方向盘，凭着感觉踩油门，看不见周围的情况，稍有不慎就会车毁人亡。

数字化企业要搭建数字化财务班子，首先要明确财务在企业中的角色定位——从"账房先生"到"成就用户服务者"。这意味着企业对于财务的角色期待，将从能够进行传统的会计核算、资金结算等基本业务功能，转向能够在科学分析的基础上进行经营预测，为企业发展出谋划策，为成就用户而服务等

① 电子表格软件。——编者注

功能。数字化企业的财务角色产生了质的转变，转变后的财务在企业里至少有以下三大功能。

为企业经营提供决策信息

数字化财务就是数字化决策，从成本、定价、收入到配置资源，它贯穿始终。企业靠信息赢得“战争”的胜利，信息就是“情报”，财务要像“军师参谋”一样，基于所有业务数据做出决策管理，再做出决策分析。所以，数字化财务不只是在数据统计、账表方面有所体现，最重要的是在战略决策上发挥作用。我们要决策什么产品该做，什么产品不该做，然后分析它的定价、销量、成本、毛利。同时，我们还可以了解不同类型产品与不同行业客户之间的关系，分析客户的复购率等信息。这些都可以通过财务数据进行决策分析。

举例，在行动教育，每个月要召开一次财务报表分析会。我、财务总监和各业务线高管会认真仔细地分析三大财务报表，并通过这三面“魔镜”不断反省：我们在提升用户价值上哪里做错了？企业或部门在提升用户价值上哪里做错了？应收账款增加了吗？固定资产变大了吗？现金流是否健康……甚至，我们会要求每一个事业部、每一家分公司都必须做出自己的三大报表。企业经营者只有看懂了三大报表的逻辑，明白什么是对的、什么是错的，才能通过财务报表中的果去追查病因，及时诊断：什么产品该做，什么产品不该做；什么用户该做，什么用户不该做；什么团队该做，什么团队不该做；成本该如何控制……通过这些数据，我们在做决策的时候就可以有的放矢。

控制企业风险

数字化财务相当于企业的“卫星导航系统”，当我们把车开出去，就要面临一系列的决策：到每一个路口是直行、左转还是右转？走哪条路最近？数字化财务可以帮助我们计算风险，清晰地告诉我们第一个路口必须向左转。如果我们在途中不慎走错了路，导航系统就会提醒我们已经偏离路线，及时为我们纠偏，甚至重新为我们规划路线，以免“差之毫厘，谬以千里”。

在服务中小企业的过程中，我们发现很多企业没有自己的“导航系统”，企业经营者犹如盲人摸象，凭经验做决策，浪费了很多资源，做出了很多错误决策。经营企业犹如走一条完全陌生的道路，过去我们的企业走的是从零到千万规模的路，我们或许可以凭经验做出一些决策。接下来企业要走从千万到上亿规模的路，这是我们没有走过的路。如果没有“导航系统”，那么我们在前进的道路上，碰到路口，不知道该左转还是右转。这样会导致我们经常走错路，把自己撞得鼻青脸肿。如果这种状态持续下去，那么最后的结局一定是“车毁人亡”。

降本增效

以员工报销为例，在传统财务的企业里，员工需要垫付费用，再将相关发票整理好后，填写报销单递交给财务部门，由财务部门负责整理、审批和发放。整个流程烦琐且粗放，财务人员在审核报销凭证环节就会花费 10 天的时间，同时业务数据和财务数据相互剥离，很难集中分析。在数字化财务的企业里，通过数字化财务系统，报销全程自动化，员工把报销凭证上传到系统后，系统自动识别发票真伪，这个时间由原来的 10 天缩短至 1 天。财务人员从烦琐的报销票据中解脱出来，做“更有意义”的事情。同时，借助数字化财务系统，还可以对业务数据和财务数据集中分析，做到事前监管、事中监控，极大地节约了企业在预算控制方面的配置，降低企业成本，提升企业管理效率。

综上所述，数字化财务从“账房先生”到“成就用户服务者”，至少有三大功能：一是为企业经营者提供决策信息；二是控制企业风险；三是降本增效。企业经营者一旦明白了数字化财务的三大功能，就会明白搭建数字化财务班子对企业的重要价值所在。

数字化时代的财业一体化

在了解了数字化财务在企业新的角色定位后，我们要开始关注如何构建新的数字化财务管理模式。

一直以来，“业财一体化”都是企业数字化财务建设的重点。什么是业财一体化？它与数字化有什么关系？

在行动教育，我们认为相比“业财一体化”，“财业一体化”更恰当一些。因为财务要走到业务中，而不是让业务走到财务中。“财业一体化”就是财务业务化，业务财务化，把财务管理融合到业务管理中——在业务端管财务；把业务管理融合到财务管理中——在财务端管业务。

它与数字化财务的关系可以看作：财业一体化、数字化是企业搭建数字化财务班子的重要途径。即通过业务数据与财务系统的对接，减少财务工作者的重复劳动，真正发挥会计的控制职能，实现闭环管理，提高业务数据准确性，加强业务反馈及时性，提供业务线索可溯性。

举例，在没有进行数字化财业一体化时，行动教育的业务员和财务是这样工作的：销售人员在销售完成后，将数据录入业务系统；会计在拿到原始凭证（销售凭证）后，将凭证录入财务系统。此时，业务系统和财务系统是独立的，财会人员的工作如下。

第一步：按照规则将业务内容转换成跟财务系统严格对应的科目；

第二步：手工录入凭证。

由此两步操作可见，当一个企业日常的业务凭证量非常大时（比如一家上万人的企业，一年的凭证数量在1 000万以上），此两步操作效率低且容易出错。另外，对于已经录入财务系统的科目，财务人员无法反向跟踪业务发生源头，进行相关财务分析，难以控制业务和财务风险。

在我们实现数字化财业一体化后，业务和财务的工作是这样的：

业务（销售）人员在完成业务（销售）后，将数据录入业务系统，同时自动生成凭证，将业务数据同步到财务系统；财务不需要手动转化原始凭证并录入。

我们曾在授课现场，被诸多企业的经营者灵魂拷问：企业究竟如何实现财业一体化与数字化？这的确是企业普遍的困惑。财业融合的口号，企业年年在喊，但真正的落实改进看不见，业务部门与财务部门不知如何下手、从何下手、下手到何种程度，可以说是毫无章法。

从行动教育“财业一体化”的实践角度来看，为了实现“财业一体化”，我们进行了以下三个“融合”。

- 财业融合＝财务流程＋业务流程＋管理流程（流程再造）
- 财业融合＝财务＋业务＋税务＋法务（四位一体）
- 财业融合＝财务数据＋业务数据（大数据集成）

流程再造

主要动作是将企业经营中的三大主要流程，即业务流程、财务流程、管理流程有机融合，进行流程再造，使财务数据和业务数据融为一体。企业首先要以成就用户为中心，进行内部管理流程梳理；然后对不科学的流程进行优化设计，对一些多余的、影响用户体验感的流程进行简化、删除；最后将分散于各业务单位、重复性高、易于标准化的财务业务流程进行流程再造和专业分工，使其专业化、标准化、流程化，并集中到财务共享服务中心统一处理。行动教育通过用友 NC 系统进行流程再造，合并报表，使原来的流程由 8 天减少至 4 天。

四位一体

通过流程再造，企业的基础业务得以标准化、高效地集中处理，财务工作效率得以提高，财务从核算工作中解放出来，将更多精力投入业务分析和战略决策支持当中，形成集业务、财务、税务、法务于一体（“四位一体”）的管理模式。在企业里，业务是基础，财务是核算，法务是红线，税务是“命门”。“四位一体”，使财务管理逐渐从核算型向管理型转变。图 2–7 为行动教育的“四位一体”成果。

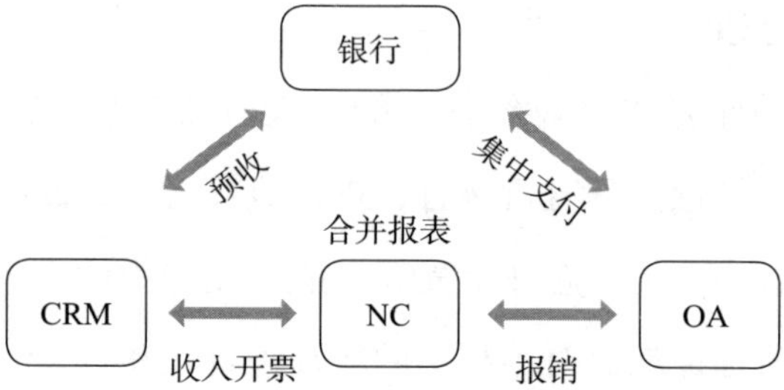

图 2–7　行动教育“四位一体”成果

大数据集成

2019 年 5 月，我们在财务数字化建设的过程中，依靠 Tableau 工具和数据分析平台等技术，进行了及时、广泛的内外部数据采集，使财务从小数据集逐渐转化成大数据集成中心，进而基于管理、管控和决策需求，有针对性地借助相应算法和模型进行数据清洗、提炼，并通过数据回归、聚类分析、关联分析等方法进行风险预警、财务预测、业务统计等，最终将分析结果以可视化的方式呈现出来，让财务分析指标更为全面、分析方向更靠事前、分析频次更为实时，使我们能够透过现象看本质，明确数据所反映的具体信息和其内在价值，拥有更为充分合理的数据支撑。例如，在行动教育的数字化财务平台上，平台通过智能报表，可以自动完成数据报表、经营分析、数据建模。

数字化企业要实现上述财业“三融合”，需要两个基础。

第一个基础是企业一把手来做。2013年，行动教育在刚开始做财业一体化时，把这项工作交给财务总监来做。结果是，业务和财务仍是两层皮，业务是业务，财务是财务，业务部门无法真正按照财务总监做出的预算来做业务管理。

直到今天，我仍能看到自己当年的错误存在于很多中小企业，它们也把财业一体化工作交给财务总监。这一动作从源头就是错误的，因为数字化的财业一体化难度很大，企业要想做好这件事，需要运用战略思维，以终为始，将过去的一切推倒重来，重新思考企业财务管理模式。这里涉及决策权和人事权，比如，哪些事该做？哪些事不该做？该花多少钱来做？等等。还要对企业的战略目标和路径无比清晰——企业这艘船未来要开往哪个目的地？具体路线图是什么样的……这些只有企业一把手最清楚，所以数字化财业一体化只能由企业一把手来做。

第二个基础是财务人员和业务人员转型。财业一体化倒逼企业的财务和业务转型——财务要懂业务，业务要懂财务。这就要求财务不仅要精通财务，还要擅长管理、熟悉IT、洞察业务，有战略远见。只有同时具备这些条件，财务人员才能真正成为数字化企业需要的财务人才。

在行动教育，为了让财务懂业务，业务懂财务，我们让财务人员到业务轮岗，下到一线去做学习官。我们的财务总经理陈纪红就到一线做过业务员，亲身经历一个业务员是如何成就用户的。这样，财务才能在业务端发现财务问题，做好规避。比如，在报销环节，员工与客户签订协议时，所有不合理的地方我们都可以在前端提前规避，后端进行财务核算时就会轻松许多。所以现在行动教育的财务需要跑到最前端支持业务，这也是我们的财务在职能上的最大转型。

从 2013 年起，我们的财业一体化一直在不断迭代、进化。到现在，我们已经初步完成“五个中心”的职能建设和三大管理闭环，如图 2-8 所示。

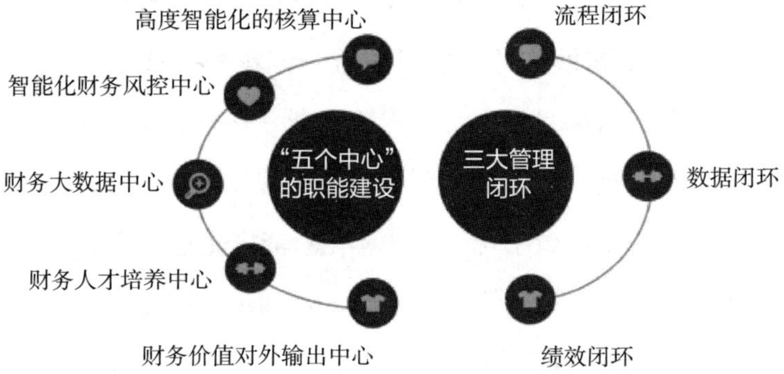

图 2-8 “五个中心”的职能建设和三大管理闭环

在组织飞轮中，数字化财务是起点，也是终点。如果企业没有完成数字化财务体系的搭建，那么将很难做到数字化；没有财务班子的数字化，企业的数字化无从谈起。

“物”

“物”一般指企业的供应链，包括生产、供给、研发等部门的数字化。在这里，我们把它定义为“数字化人才供应链”。之所以要把生产供应链变成人才供应链，原因有三。

一是商业逻辑变了。以前大多数企业经营者是生产型思维，是以产品为中心。产品的咨询、退换、保养、维修等，都是产品闭环中的重要环节，也是企业应该做好的。企业做好是本分，做不好影响口碑和发展。如今是知识经济和信息时代，是以人为中心的，这个“人”既是用户，也是人才。企业如果没有人才，很难实现可持续发展。所以，企业要从生产型思维转向人才型思维，从以产品为中心转为以人为中心。

二是人才的数字化很难做。工厂的数字化很容易做，因为这些数字是“死”的，但人的数字化很难做，因为人是活的。事实上，工厂的大数据早在30年前就已经做得很好了。我们在20世纪90年代服务红塔集团时，其工厂已经实现了机械化和自动化。

三是人是一切的创造。只有人能够创造财富。回到收入公式的原点来思考这个问题：收入 = 价 × 量。这个“量”来自哪里？从用户的角度看，“量”来自老客户的复购率和转介绍率；从企业自身的角度看，企业必须先强后大。什么是强？是人才通过创新做出差异化的产品，用独一无二的价值黏住用户。

什么是大？还是来自人才复制，企业必须重兵投入推广和渠道，最终人才的量决定了收入的量。

这三个原因很好地说明了在以人为中心的数字化时代下，企业最应该搭建的是数字化人才供应链班子。人才的复制，人才的供给和梯队的建设，都应该数字化。但人才供应链是一个很大的话题，它包括人才规划、人才盘点、人才梯队建设等，所以我们再聚焦一点儿，数字化人才供应链的核心是数字化人才梯队建设。

什么是“数字化人才梯队建设”？通俗地解释就是，通过数字化高效、精准地培养不同层级的人才，防止人才断层，降低人才流失给企业带来的损失。

我们在与诸多中小企业交流的过程中发现，许多企业的组织能力建立在“能人”“牛人”上，一旦“能人”“牛人”出问题，就会对组织造成很大的破坏。当企业通过数字化建设了自己的人才梯队，不论组织中的哪个人出了问题，后面还有“七八条枪”可以替补。数字化人才梯队的建设是组织能力的“定海神针”，它好比组织的“腰”，没有数字化人才梯队，企业的“腰”就硬不起来。

让人才培养集中化、在线化、数据化

数字化人才梯队的建设对于企业有重大意义。回望行动教

育做数字化人才梯队建设的前因后果，就能明白一二。

在做数字化人才梯队建设之前，我们的人才梯队建设主要靠行动军校完成。当时我们采用的还是一个相对比较传统的线下培养模式，线下集训是我们人才培养的核心抓手。这样的模式会导致三大问题。

第一个问题是“散”。我们在全国有 30 家子公司，每家子公司新员工入职的节奏不一样，今天这家子公司在做新员工培养，明天那家子公司在做新员工培养，造成整个公司的培养时间和节奏很散，无法集中统一培养。

第二个问题是“乱”。我们的核心产品是“浓缩 EMBA”，每个子公司对产品的理解不一样，再加上每个子公司都有自己的培养流程和培养内容，没有形成标准化，造成整个培养体系很乱。

第三个问题是“慢”。“慢”分为两个方面，一方面是从管理维度来说，“散”“乱”的培养体系造成管理效率的低下，这就是慢。总部要分管全国的人才培养，难度很大，我们没有办法做到有效管理，也没有办法实现学习成果的追踪和量化。也就是说，员工是否真的在学习，学得怎么样，企业是不知道的。另一方面是从员工的学习效率来说，“散”“乱”的培养体系让员工的学习效率低下，员工不知道到底应该学什么、如何学。

这是传统的人才梯队培养带来的一些比较突出的问题。管理的本质是一样的，相信这些问题也是大多数企业的问题所在。如何解决这些问题？答案就是建设数字化人才梯队。

2021 年，我们建立了自己的数字化学习平台——OMO 数字商学院，打通了线上、线下的人才培养模式。它能够让企业所有人员的学习集中化、在线化、数据化，一站式地解决人才梯队的培养问题，同时提高培养效率和管理效率。

集中化解决了传统线下培养模式的“散”和“乱”问题。企业的产品是一样的，市场是一样的，客户也是一样的，那么我们可以通过萃取最高效的工作流程方法、工具，甚至是话术等，让所有人集中学习同一套内容；在线化可以让所有人（30 家子公司）随时、随地学习，解决了员工学习效率低下的问题；数据化是企业可以追踪每个员工的学习情况，如员工是否真的学习了，学习了多长时间，学习效果怎么样，这些都可以通过平台上的数据反映出来，解决了管理效率低下的问题；一站式是指在数字化学习平台上，不管是新入职的员工，还是中基层和高层，都能通过数字化平台随时随地学习。

同时，通过数字化学习平台，还能做好企业的知识管理。比如，我们的学习内容都是通过挖掘标杆的经验提炼而成，然后开发成课程，上线到平台上，同时不断地进行更新迭代，这样就形成了企业知识管理系统。不管人员如何流失，知识、经验被沉淀下来了。

数字化人才梯队建设“四关键”

数字化人才梯队是一套专业的培养系统，由于本书篇幅有限，无法全面深入地展开，这里只是结合企业在数字化人才梯队建设过程中常见的误区，重点阐述建设数字化人才梯队体系中的 4 个关键问题。

谁来学：分级分类

“人才梯队”就像一个鱼塘，“分级分类”是选鱼苗入池。人才的分级分类要根据专业价值分出不同等级。为什么要有等级体系呢？因为我们首先需要有一个区分不同价值高度的“梯子”，否则我们就不能区分不同的价值，无法激发动力。就像一个湖面，水面一直都是平的，水不能流动，也就没有动能。如果我们掘开一个口子，有了落差，水就流动起来，自然就产生了动能。

等级是梯队建设的一个核心要素，一定要有落差。但是在实践中，很多企业认为，多设置一些副职或者助理岗位，就形成了人才梯队，就有了后备力量；或者是设置很多个级别，认为这样就形成了职业通道。其实，这是误区。数字化人才梯队的分级分类有三个切入点。

（1）从专业切入

如何从专业切入？想一想，一家企业从事什么产业？核心业务是什么？未来的增长空间在哪里？想清楚这几个问题，我们才能梳理出人才项目的核心部分——专业通道。

以行动教育为例，行动教育是一家从事企业咨询与教育的企业，业务相对简单，主要分为研发和销售几大部分。在销售方面，我们有6个专业人才项目在运营，分别是黑马计划、精兵营、飞马计划、大将营、千里马计划和将帅营。不同的项目由不同的人负责。其中，专业人才项目职级最高的是将帅营，由我亲自负责，项目培养的是各个分公司的总经理。

（2）从管理切入

企业的管理者一般都有三个管理层次——高层管理者、中层管理者、基层管理者。企业可以采用金字塔模式，将数字化人才梯队的人才项目分为高、中、基三个层面。

举例，图2-9为行动教育管理线的人才项目。我们把人才分为高、中、基，高层位于企业管理的金字塔尖，培养对象是企业的经营层，培养项目是“将帅云”；中层位于金字塔的中间，承上启下，培养对象是企业的管理层，培养项目是“大将云”；基层位于金字塔的底层，是执行层，培养项目是“精兵云”。

	培养对象	培养项目	培养模式	教练
高	经营层	将帅云 定战略、强组织、保增长	OMO 学练考赛 共创研讨 建章立制	名企、名师、名课 行业第一 专业第一
中	管理层	大将云 出人才、带团队、出业绩		领导教练 实战专家
基	执行层	精兵云 强文化、强专业、增绩效	自建培养体系 标杆复制	岗位标杆 经验萃取

图 2-9　行动教育管理线的人才项目

（3）从战略切入

任何企业在建立数字化人才梯队的过程中，都要重视新员工和新干部。新员工决定未来企业的根基，新干部关乎企业的管理执行。这两类人才，属于企业人才的战略项目。在行动教育，"行星计划"是新员工项目；"千里马计划"是新干部项目。

学什么：一切为了成就用户

企业应该学什么？答案是四个字：成就用户。在任何一家企业，无论哪个岗位、哪个部门的员工，无论参加什么形式的学习，学习的核心内容要围绕一个主题：如何成就用户。

企业的数字化飞轮是为了成就用户；组织飞轮是为了成就用户；以终为始，数字化供应链是为了成就用户；数字化人才梯队的建设是为了成就员工，员工的能力成长倒逼其更好地服务用户、成就用户。所以，数字化人才梯队建设平台上所有的培养逻辑都是以用户为导向，所有的学习内容都要围绕成就用户、成就员工的目的来开发课程。

那么，企业应该如何利用数字化学习平台，围绕“成就用户”科学地规划员工的学习内容，让企业的培养系统化、专业化、精准化？

要达到这一效果，需要用到科学的工具与方法——学习地图。“学习地图”是指匹配企业学习资源，以任职能力规划和职级规划为主轴而设计的一系列学习活动，是员工在企业内学习、发展路径的直接体现。简单地说，学习地图就是一张培养人才梯队的地图，是让数字化学习产生价值的地图，是让人才培养匹配企业战略发展的地图。

例如，一名新员工进入企业，总有很多问题需要解决：要把他培养成能够成就用户的人才，需要给他配备哪些培训课程？要按照怎样的发展路径培养？有了这张地图，这些问题的答案会更加清晰明了。在行动教育的数字化平台里，前端的所有账号都是和人力资源打通的，当员工入职或离职的时候，平台就会自动生成或关闭账号。在新员工入职后，平台会自动生成账号，新员工通过短信验证即可登录；新员工登录后，平台基于不同岗位、不同层级的新人配套课程，即可生成1~6个月的学习地图。图2-10为行动教育“精兵营”的学习

精兵营 733 成长地图—2021 版					
目标：3 个月留存 80%，2 个月内快速出校长，3 个月后持续出校长					
成长阶段	必达能力	学	考	战	赛
前 7 天（脱产）	1. 行动文化塑造 2. 掌握业务流程 3. 吃透产品知识	行动介绍 行动文化 行业洞察 冠军之路 我是责任者 五项管理 业务流程 浓缩 EMBA 校长 EMBA	1. 知识考试：每课知识点考试，前 7 天综合考试不低于 90 分，未达标有一次补考机会，补考未及格淘汰 2. 提案通关：最后一天 1 对 1 提案通关，由分校校长评估，未通过淘汰	\	1. 学习排名：全国每周学习进度排名荣誉海报及宣传 2. 考试排名：全国每周考试成绩排名荣誉海报及宣传，每月平均成绩前三奖励行动军校定制奖品
前 30 天（训战）	1. 收集资源能力 2. 链接客户能力	寻辨大鲸鱼 寻找关联点 信息编辑 电话沟通 精准邀约 参观营销 精读《无条件增长》	1. 知识考试：每课知识点考试，前 30 天综合考试不低于 90 分，未达标有一次补考机会，补考未达标淘汰 2. 综合通关：每课业务场景模拟通关，由团队总监带教辅导；第 30 天由分校校长综合通关，未通过淘汰或调剂团队	1. 至少 15 家符合画像客户 2. 每日至少 20 次有效链接	1. 学习排名：全国每周学习进度排名荣誉海报及宣传 2. 考试排名：全国每周考试成绩排名荣誉海报及宣传，每月平均成绩前 3 名奖励行动军校定制奖品
前 3 个月（训战）	1. 拜访提案能力 2. 成交客户能力 3. 服务内训能力	关系建立 拜访提案 课前服务 现场成交 异议处理 案例塑造 转介绍 督学服务 如何磨好一堂课 精读《将才》 精读《人才池》 精读《战模式》	1. 知识考试：每课知识点考试，前 3 个月综合考试不低于 90 分，未达标有一次补考机会，补考未达标淘汰 2. 模拟通关：每课业务场景模拟通关，由团队总监带教辅导 3. 内训能力：会讲一堂 2 小时的《五项管理》 4. 业绩电网：入职满 100 天业绩未达 10.8 万即电网	1. 至少 30 家符合画像客户 2. 每周至少有 5 次有效拜访 3. 每月至少 3 位一把手到场 4. 至少到浓缩课程现场 1 次 5. 到客户企业完成 1 次内训	1. 学习排名：全国每周学习进度排名荣誉海报及宣传 2. 考试排名：全国每周考试成绩排名荣誉海报及宣传，每月平均成绩前 3 名奖励行动军校定制奖品 3. 首单竞速：全国同批次新人最快出校长的前 3 名奖励【在线 EMBA】1 年课程学习 4. 业绩竞赛：全国同批次新人 3 个月总业绩排名前 3 名奖励【浓缩 EMBA】课程学习

图 2-10 行动教育“精兵营”的学习地图

地图。

通过学习地图，每个人都可以找到从进入企业开始工作，直到成为专家或者高层管理者的学习路径。这样一来，员工不需要在数字化平台上大海捞针，入职之后就能直接拿到自动生成的学习计划。员工从新手到胜任的时间大大缩短了，企业对于人才的培养工作更加精准有序，整体效率也因此大大提升。

在行动教育，如果一个人要成为高层管理者，那么他要学习6大体系的内容，从战略落地、人才决胜、企业文化、营销管理、销售管理到效率管理；如果他要成为营销部门总监或部门经理，就要围绕三大能力（管理力、领导力和业绩力）进行14大模块的学习……所有这些学习内容，最终都是为了不断提升高、中、基层的胜任力，从而成就用户。

怎么教：四教合一

明确了学习内容以后，在数字化平台上企业应该如何来教呢？

“所谓大学者，非谓有大楼之谓也，有大师之谓也。”传统大学第一要有大师，第二要有教学，第三要有教材，这几个因素决定了一所大学的地位与格局。对企业的数字化学习平台来说，除了教材研发、教练选拔、教学设计这些核心要素以外，还要加上教学平台，我们称之为“四教合一”。

（1）教材研发“实用为王”

站在员工的角度，有效的培训往往有这样的特点：能够解决工作中遇到的难题，能够帮助他达成更好的业绩。这其实也是培训教材或者课程研发的中心原则：实用为王，以成果为导向。在教材研发上，行动教育有自己的四大标准：

- 听得懂，要求说大白话，要简单、可重复、直接；
- 学得会，学员可以复制，操作与实践要相关联；
- 用得上，要有工具，有操作步骤，有具体动作；
- 有效果，要通过一场课程的学习，让工作得到改善，行为得到改变，绩效得到提升。

（2）教练选拔“实战为王”

外请的教练“念不好经”，内部的教练表达能力有限，这是很多企业的痛点。如果解决？企业可以在内部培养教练。内部教练讲师的人选，一般是企业的高层管理者，不一定要求其在专业领域有很深的造诣，但一定要经历过实战，具有丰富的经验，同时对企业高度认可，价值观统一。因此，标杆员工、学习官都是极好的人选。

在行动教育的数字化人才梯队平台上，我们有内训师的专业认证流程。内训师在申报之后，进入线上学习、考试、认证、实践、考核的认证流程；成为内训师以后，其可以获得由企业颁发的徽章、证书；此后内训师便可以开课并享受内训师提成奖励，也可以优先参与班主任、销讲师、总经理的选拔等。以上提到的一切都可以通过手机在线完成。

（3）教学设计“实效为王”

不管是在线上，还是线下，形式单一的教学模式难以满足不同员工的需求。数字化教学设计要满足不同员工的时间、地点需求，注重实效。

在行动教育的数字化人才梯队平台上，我们有直播课程、标杆夜校等教学模式。每周二晚上七点，有时间的员工可以登录平台看直播课程。如果这个时间点有的员工没有时间观看，平台就会自动存档直播内容，线上的回放功能可供所有人反复看、反复学。这一部分直播内容可能只是现阶段有用，无论从复制层面还是推广层面来看，不一定具备长期性。所以我们还对标杆进行了二次挖掘，也就是在挖掘完一轮之后，通过观看人群对内容的反馈，再优中选优，评估出可以长期复制推广的经验，然后让这一部分标杆将自己的经验录制成标准课程，纳入标杆夜校的课程体系中。

（4）教学平台“高效为王”

数字化教学平台是支撑整个人才梯队数字化的核心，它实现了整个数字化人才梯队建设项目的线上化。在数字化教育平台上，所有的教学都可以在线上完成，通过电脑、手机即可操作，一站式教学，提升了 30% 的学习效率和管理效率，实现了降本增效。

从学习情况来看，在数字化平台上，所有人的学习都会有痕迹，平台会生成相应的学习数据，然后通过后台的大数据分析，一键生成各项学习报告。这样企业就能实时看到每一个分校、团队，乃至个人，完整的学习情况、完成情况，以及落地转化的情况。企业可以基于大数据对人才进行分析，分析个人能力成长的进度，对人才晋升进行评估等。例如，2021 年行动教育一共做了 27 场直播，这也代表着我们至少挖掘了 27 个企业内部的标杆。

从课程内容来看，以 2021 年为例，不包括小的微课和课件，仅考虑主题课程，行动教育内部一共制定了 97 门课程，学习用户数为 1 300 人，这 1 300 人的总学习次数将近 42 000 次。这些课程的浏览量有 68 000 多次，共计 13 500 多个小时，每一门课程的平均分大致在 4.8 分，满分是 5 分。我们可以通过后台大数据评估出每一门课程内容的好与坏，方便及时迭代与优化。如果没有数字化教学平台，我们就很难量化这些数据，但是有了这个平台，这些看起来很复杂的数据，我们可以马上知道。

怎么管：智能化学、练、考、赛

学习是一件反人性的事情，如何才能保证学习这件事情落地呢？特别是在数字化学习平台上，在没有人“监督”的状态下，企业要在机制设计上下功夫，设计出相应的学习路径来保驾护航。

在数字化人才梯队平台上，行动教育经过多年的实践、总结、萃取，最后形成了一套数字化人才学习路径——学、练、考、赛，我们将这条路径称为“学习循环”。这条路径分为4步，每步有不同的实施方法，各种方法相互配合，相辅相成，最终形成一个数字化人才梯队的学习闭环体系。

（1）“学”：在线学习

通过数字化学习平台，企业可以以多元化课程形式赋能企业成长，比如视频、音频、图文。在行动教育的数字化学习平台上，我们把这一环节分为4个课程：一是录制课程，即新业务路径的课程录制；二是必修课程，即阶段重点课的必修推送；三是直播课程，即日常标杆分享和夜校等学习可迁移至平台直播，自动存档可回看；四是专题课程，即将某一主题的课程组合，可专题推送。

（2）“练”：练习作业

俗话说，光说不练，10年不变。成人获取知识和技能遵循这样的规律：70%来自实际工作的历练，20%来自人际互动，10% 来自正式的课堂学习。通过学习，员工具备了基础知识，接下来，员工带着知识、问题在岗位当中练。人只有在具体的工作情境中，才能不断夯实自己的专业知识。

在行动教育的数字化人才梯队平台上，员工主要通过“作业功能”练习。员工每学完一门课程，后台会有相应的作业布置。每一个参与学习的员工都可以在平台上通过码字、上传照片等方式完成作业。员工在完成作业后，他的上级领导可以进行作业打分、签字互动等。

在数字化学习平台上，我们每个分校会有一面“作业墙”，同一分校的人在完成自己的作业之后，作业会出现在该分校的作业墙上，该分校的所有人都能看到。比如，某个直播课程结束之后，某分校的相关责任人要求参与课程的所有人，根据学习收获写出个人改进计划和个人承诺，完成之后截图上传到数字化平台。这时，所有人都能看到每一个人的改进计划，以及他做出的承诺，大家相互督促。

同时，一个分校上百人，当每个人都能看到这些内容的时候，这就会给上传的人带来心理压力。如果只是单纯要求大家完成作业，没有这样一个手段，那么每个人的压力是比较小的，但在我们这样展示出来之后，他的压力会变大，那么他在完成个人计划的时候也会更加投入。

（3）“考”：课后考试

考试能够直观地衡量员工的学习成果和效益，同时是帮助员工巩固课程知识的工具。员工对课程是否欢迎和接受？通过学习，他获得了多少知识和技能？这些收获给员工带来了怎样的行为改变？他的这种改变带来了令人满意的结果吗？这些都可以纳入考试范围。比如在行动教育的数字化人才梯队平台上，我们采用了单选题、多选题、填空题三种题型来检测员工的学习效果。

（4）“赛”：比赛

企业要在数字化平台上创建“赛道”，在“赛道”上通过各种形式的排行榜活动，激发员工的学习状态，提升员工的学习力。在行动教育的数字化人才梯队平台上，我们有“学霸排行榜”，每月、每周、每日平台会自动对每位学员的学习情况进行排名。

总结一下，在企业里，只有人才，不能转化为组织能力；只有形成“人才梯队”，人才才是组织化的人才；只有搭建“数字化人才梯队”，才能更快、更高效、更精准地实现人才从1到N的快速复制，实现人才辈出。

“销”

“销”指企业的营销。我们先来看看企业传统的营销模式及管理是什么样的。

小李是一家制造企业的销售主管，在销售工作上，他每天都要在搜集客户资料、录入客户信息等工作上耗费大量的时间，不仅工作效率低下，还经常出错；在团队管理上，整个销售团队业绩差，管理混乱，他不知道自己团队里的销售员是否真的拜访过客户，客户档案管理也不规范……

小李遇到的这些问题，应该也是大多数非数字化企业在进行营销时遭遇的痛点。总结起来，传统营销模式面临三大短板。

一是效率低。非数字化企业，无论是业务处理、营销方式，还是营销管理模式，都以手动和人工传递为主，形式十分原始，所以每一个环节都需要牺牲大量的时间和成本，整体效率极低。以制造业为例，一个数字化企业的货品周转率是非数字化企业的 10 倍，也就是说，在同等规模下，数字化企业的赚钱速度是非数字化企业的 10 倍，这是一个非常可怕的差距。

二是业绩差。非数字化企业的客户持续处于被稀释状态，比如服装、鞋帽、快消品等产品，如今的线上业绩基本已超过 50% 市场份额。非数字化企业显然缺失了这一块市场的客户，而企业的成本是固定的，牺牲掉这一部分的业绩，就意味着企业牺牲了 50% 以上的利润，那么企业的前景可想而知。

三是体验差。非数字化企业无法为用户提供便捷的服务体验，不能随时随地满足用户的业务或服务请求，此时用户一定会选择更方便的企业，因此用户难以与非数字化企业保持长期的合作关系。

这是传统营销模式的三个短板，在这种情况下，解决这些问题的方法就是搭建数字化营销班子，让营销数字化。

数字化营销，让企业实现“五全”

什么是“营销数字化”？我们用一个形象的案例来说明。

当我们试图说明一家健身房生意红火时，我们可能会说它每天有 200 名左右的顾客，日流水 20 000~30 000 元，月流水 100 万元。这些数据如果存储进财务系统，形成便于查看、分析的报表，就是健身房数字化；如果健身房将每天到店顾客的各方面信息记录下来并录入系统，这就是用户信息数字化；如果健身房针对办理电子会员卡的顾客进行分析、推广，定制针对性广告，这就是数字化营销。

数字化营销，是以用户为中心，通过数字技术与智能技术更好地贴近用户、服务用户、赋能用户，最终全方位提升用户价值，成就用户。成就用户是“因”，产生成交是“果”。数字化营销的精髓是精准，关键是互动，科技是最大驱动力。

通过数字化营销，企业可以实现“五全”，如图 2-11 所示。

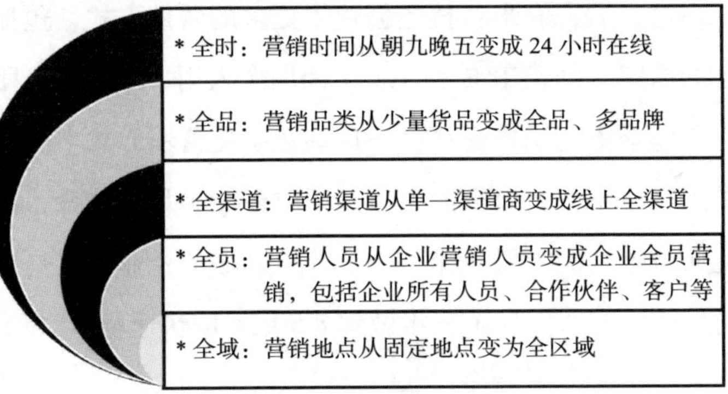

图 2-11　数字化营销的“五全”

行动教育的客户润米科技是小米的第八大生态商。2018 年是润米科技成立的第三年，从零开始的润米科技在无独立工厂的情况下，靠 100 名左右的员工做到了 8.5 亿元。第一年是 1.5 亿元，第二年是 3.5 亿元，第三年就到达了 8.5 亿元。但是它的 100 多款产品只包括两大品类——箱包与运动服装。

无库存，高利润，这在传统的营销方式下几乎不可能实现。它是怎么做到的？润米科技从一开始就做到了营销数字化，它在设计出一款产品后，在未生产阶段就会上架小米的“有米商城”进行线上销售。如果该产品产生了大额订单量，它就会马上将订单交给 30 多个合作代工厂进行生产，两个星期之内发货；如果订单量小，它就会马上下架该商品，对已付款订单进行换货或退款。

在这之后，润米科技还创建了更多的营销方式，包括创建自己的品牌、创建 ToB 和 ToC（面向个人用户）的线上团购渠道、创建众筹的销售模式……这些数字化营销方式不需要大量的员工，也不需要自己的工厂，同时还能满足高质量、稳周期等优质效果。润米科技作为一个传统领域的企业，就是通过数字化营销的方式实现了三年做到 8.5 亿元的快速增长。

数字化营销，妙不可言

数字化营销对企业来说，妙不可言。妙在何处？

“妙”在透明化

数字化营销让我们拥有“上帝视角”。什么是上帝视角？就是在“打牌”时可以看清“底牌”，看清“对手”，无秘密可言。比如，渠道数字化，经销商的进销存清晰透明；AI 物体识别系统，终端陈列、销量清晰透明，包括竞品也是透明的；数字化用户画像，比用户还了解用户；用户下次下单时间、购买倾向性等，可以用数字预测。如同钓鱼时，我们知道鱼爱吃什么饵料，什么时候咬钩；销售员可以在需要的时候，出现在需要解决问题的终端；终端没下单，我们也能知道进货时间……

“妙”在以用户为中心

数字化时代的重要特征在于真正意义上的“以人为本”。以前的商业时代，我们大多以“货”和“场”为导向，比如京东、天猫、拼多多等平台，它们本质上只解决了传统线下卖场货品单一、价格不够优惠等问题。如今我们对产品与购买渠道的选择已不再有局限性，大部分企业都做到了多平台、多渠道、多手段营销，这时，要想脱颖而出，企业只有通过数字化营销，才能真正知道我们的用户在哪里，我们的产品是什么定位，用户画像是什么，最终进入一个以用户为导向、以用户为中心的时代。

“妙”在高效管理

行动教育在做数字化之前，整个营销团队的管理是混乱的。一是考核混乱，比如当我们按季度考核时，有的员工第一个月或第一周就拿到了一个大单，后面两个月他可以天天“睡大觉”，这个叫“赌”大单，员工只要“赌”到一个大单，甚至可以“摸鱼”一整年。二是业绩差，在大多数企业的销售团队里，至少有 30% 的人入不敷出，还有 10% 的人永远不出业绩。三是员工掌握客户资料，一旦员工离职，就会带走核心客户。

数字化的价值在于用新的工具武装我们，数字化营销本质上是赋能营销的新工具、新武器。对企业而言，武器是重要性因素，但不是决定性因素，决定性因素是人，这个“人”除了用户，还包括员工。我们要利用数字化工具赋能团队，搭建高绩效的数字化营销班子，提升管理效率，让销售团队的管理看得见、摸得着、数得清，从管理混乱到管理有序。

数字化营销的管理首先体现在提升管理效率上。行动教育的销售团队中曾经有几位非常勤奋的新人，每天能接触 150 名客户，但他们因为沟通技巧与销售能力较弱，成交转化率并不高。由于我们的客户都是因为接触到前期的网络推广而来，企业平均花费在一个客户身上的推广成本有 500 元，因此每一位不能被有效转化的客户都相当于浪费了企业 500 元的营销推广费用。这样计算下来，这几位销售新人越努力，每天联系的客户越多，企业的损失就越大。因此，数字化营销的重点不是越努力越好，而是追求最有效的努力。

2013 年，我们进行数字化转型以后，利用数字化工具推行强开强关①，对员工及其客户进行分类、分级、分行业、分区域，然后进行流程化管理、可视化管理。比如，我们利用数字化工具量化了员工的行为，每天做多少事情，接触多少客户，发送多少封邮件，给多少个客户回复电话，每天实际工作多长时间，等等，企业能够精细化地看见所有的行为和活动，能够

---

① 强开强关为系统术语，指强制冻结、回收。当数字化系统检查到员工没有按标准对某一客户进行服务，或业绩不达标时，系统会强制把该客户冻结或回收，分给其他员工。

精准地分析各种活动的效率，能够知道哪个环节出现问题导致流程不畅、效率不高、效果不好，从而提高了管理效率，实现标准化、流程化、专业化。我们用 1/2 的人创造了 4 倍多的业绩和 15 倍多的利润。

“妙”在消除不确定性

营销具有高度不确定性，七分靠天，三分靠自己。这个月的打法下个月不一定行，这个区位、这个产品的打法，在其他区位、其他类型产品上也不一定行。而数字化的价值在于消除不确定性，把整个营销业务高度分解成可量化、可累计、可对比、可分析，最终就能有更海量、更有效的信息去降低营销突围的不确定性。同时，数字化更容易衡量、追溯、还原、分析营销业务的效率与变化。比如企业可以清晰地知道哪些营销动作相对更有效，某个营销动作到底触达多少用户，到访多少用户，又成交多少用户。反过来，每个用户是什么原因到访，重点关注产品哪些模块，对什么感兴趣，产生了哪些交互问题……这些都能一一知晓。这相当于把企业与用户之间所有认知、沟通、互动的流程“信息盖子”全部打开，企业能清晰知道每一个用户的来源、需求和成交分析，而且各环节营销动作大多都能衡量，那么从这个角度讲，数字化营销就可以降低营销的不确定性。

“道生一，一生二，二生三，三生万物。”世界每天都在变，企业的营销体系也在顺应着时代的变化不断地产生裂变。但不管如何变，变的是营销的形式和工具，不变的是以用户为中心的商业本质。这一点，我们要牢记。

数字化营销的两个“一”

如何搭建数字化营销班子，这涉及很多方面，这里我们分享两个关键的“一”：设计一套科学的数字化营销管理体系；选择或建设一个适合企业的数字化营销系统。

设计一套科学的数字化营销管理体系

为什么企业有了数字化营销系统，还要有科学的营销管理体系呢？因为系统的设计由企业的管理思想而来。下面，我们以行动教育的数字化营销管理体系为例，抛砖引玉。

（1）销售区域划分

销售区域应该怎么划分？我们见过的许多企业都不会划分自己的销售区域。当企业的销售分布广而全的时候，企业应该做出区域划分，否则就会导致内部恶性竞争。行动教育在上海有总计上百人的销售团队，如果我们不划分区域，这么多人可能会全部挤在同一个最不需要多跑动的城中区，那么上海其他地区，尤其是郊区的用户，就会无人问津。而当所有的销售人员都集中在最核心区域时，就会产生恶性竞争，如一个人给客户打9折，另一个人就会选择打8折，最后牺牲的都是我们自己的利益和用户价值。

（2）用户归属划分

行动教育除了划分销售区域之外，还会对区域下面的用户进行归属划分，比如由谁负责哪些用户。用户归属的划分原则是什么呢？一般我们遵循谁先报备、录入某用户，用户就属于谁。如果这位用户非常重量级，需要另行匹配，我们也要按照既有的规则分配，比如按照专业级别、业绩排序等，不能凭感觉、凭交情，否则就会乱套。

（3）销售渠道和团队规划

在销售渠道和团队规划上，我们要思考的是，有多少个分公司？每个分公司应该有多少人？每个人的职责与分工又是什么？每个销售团队的经理应该承担什么职责？我们见过许多销售经理，他们只是有销售经理的身份，实际上却不管团队的业绩。那么这个销售经理实际上是一个“空架子”，并不负责团队业绩与员工的成长，这就是一个不合理的组织规划。

（4）日常管理制度和连贯销售流程

比如前面我们提到的怎么划分销售区域，怎么划分用户归属，包括我们晨会需要做什么，夕会需要做什么，员工培养要做到什么程度……这些都要靠制度和流程来体现，只有通过制度流程，大家才不会乱。以家装行业为例，我们服务一位新客户的第一个动作是了解他，所以我们需要提供针对用户基本信息的标准表格给员工。第二个动作，我们要了解用户的需求和预算，用户想要多大的房子？他想花多少钱进行装修？我们要根据用户的预算设计家装效果图。第三个动作，提供针对性的解决方案。第四个动作是谈判和成交。第五个动作才是服务。有的企业经营者不觉得缺少这些企业会陷入混乱，是因为企业现在的人数还不够多，当企业达到一定规模时，企业的用户数量逐步提升，这类问题就会越发明显。

（5）日常行为标准和考核

关于这一点，我们可以从 4 个方面着手。

一是每天的标准和任务量。企业中每一名销售员每天的标准工作量是多少？每天的标准工作是什么？行动教育的 CRM 系统里有明确规定：一名销售员一天至少要打 20 个电话，或进行两个拜访，不管他有没有业绩，必须先把标准动作做到，如果标准动作都做不到，其他免谈。所谓人之初性本“懒”，这是为了防懒人。

二是每周新商机、新客户量。根据自己的业务特点或用户数量制订每周新用户的过程指标，这是为了防止当我们因为业绩考察将某位员工裁掉时，他手上正好有一个快成交的大项目。如果我们不清楚进度，他就会直接将用户一起带走。如果有这个过程指标，我们就可以在公司的系统里看到这部分的数据。

三是每月收款和订单量。这也是我们最终的业绩指标。比如每个月的收款和订单量必须要达到多少？新用户与老用户的收入比例必须达到多少？用户服务满意度必须达到多少？我们要有相应的考核办法，明确每一项指标如果达不到应该怎么处罚，达到了又应该怎么奖励。

四是漏斗与业绩的匹配度。这也可以理解为过程指标。什么是漏斗？以前面的家装行业为例，前 4 个环节是一个大的销售流程，每一个环节都会走掉一些用户，如果我们在一开始拿到了 100 位新用户，在第二个环节可能只有 50 位用户继续联系我们，在我们走到第三个环节，提交了方案之后，可能只有 10 位用户有意向，这 100 位用户中最后确定与我们成交的可能只有 3 位。这个过程其实就像一个漏斗，如图 2–12 所示，因此，我们最终的成交率实际上只有 3%。

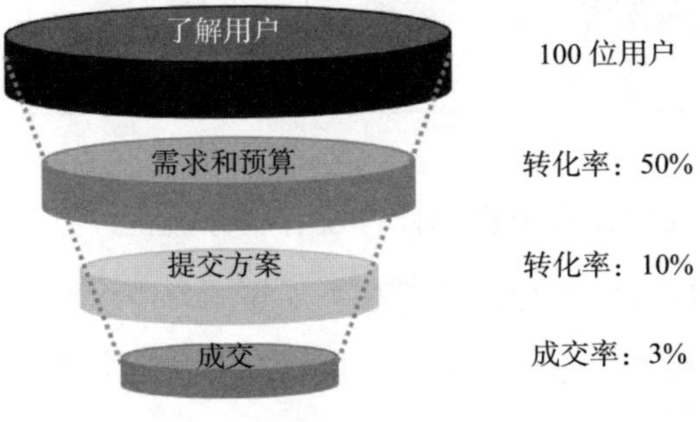

图 2–12　销售漏斗

因此，当评价员工时我们不能只看最终的业绩，我们应该看过程中的数据，如他开发了多少新用户？他在某一环节有多少用户？每一环节的历史转化率又是多少？我们可以按照这些数据测算员工下个月底的业绩，这才是科学评价一名销售员工的方法。漏斗业绩预测表，如表 2-1 所示。

表 2-1 漏斗业绩预测表

<table>
<tr><th>平均客户量</th><th>转化率</th><th>标准的客户数</th><th>转化天数</th><th>销售完成度</th><th>销售流程</th><th>商机分析（商机量）</th><th>业绩预测</th></tr>
<tr><td rowspan="2">100</td><td rowspan="5">30%</td><td rowspan="5">10 个</td><td rowspan="5">3 天</td><td rowspan="5">25%</td><td>寄资料</td><td rowspan="5">100</td><td rowspan="5">30</td></tr>
<tr><td>打电话</td></tr>
<tr><td rowspan="3">30</td><td>现场拜访</td></tr>
<tr><td>方案展示</td></tr>
<tr><td>客户关系</td></tr>
<tr><td rowspan="3">13</td><td rowspan="3">45%</td><td rowspan="3">13</td><td rowspan="3">5 天</td><td rowspan="3">50%</td><td>原型法</td><td rowspan="3">20</td><td rowspan="3">20</td></tr>
<tr><td>案例</td></tr>
<tr><td>方案呈现</td></tr>
<tr><td rowspan="4">7</td><td rowspan="4">54%</td><td rowspan="4">2 个</td><td rowspan="4">5 天</td><td rowspan="4">75%</td><td>体验营销</td><td rowspan="4">10</td><td rowspan="4">15</td></tr>
<tr><td>沙龙</td></tr>
<tr><td>商务谈判</td></tr>
<tr><td>签约</td></tr>
</table>

在行动教育，除销售流程外还有服务流程，且服务流程环环相扣，所以我们不允许员工在不了解用户需求、不了解用户预算的时候推荐课程，不允许员工在没有签约、没有合同的情况下收款，不允许员工在没有收款的情况下让用户报名上课，不允许用户在没有报名上课的情况下进课场签到。

因此，只有在用户完成消费确认，并扣款结算之后，我们才会确认业绩，才能进行服务的绩效统计等流程，在这中间，缺失任何一环这个流程都走不下去。设计出这个科学的管理体系之后，我们会通过日常的践行不断完善它。

那么这个流程要怎样实现？我们采取决策先行，自上而下——也就是我们所说的决策先行原则，其中有三层原则。决策先行原则，如图 2-13 所示。

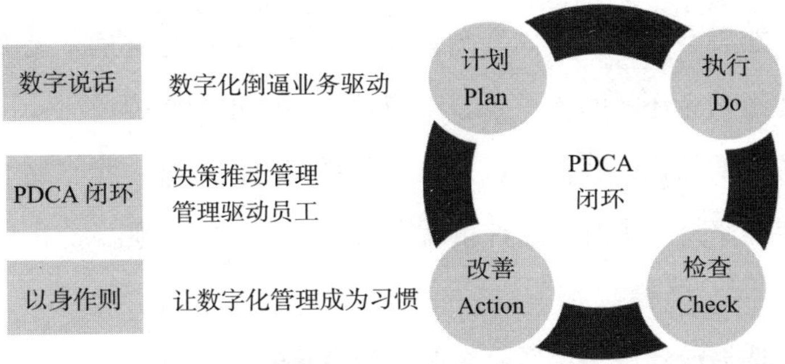

图 2-13　决策先行原则

决策先行原则一：用数字说话，数字化倒逼业务驱动。

我们要想让员工通过晨会、夕会分析每一层漏斗里面的数据，那么企业的高层首先要分析中层的数据，然后中层才会去分析基层的数据。如果企业经营者都不去分析数据，那么中层为什么要分析基层的数据呢？所以我们在分析数据的时候，要遵循自上而下的原则。

决策先行原则二：PDCA 闭环，决策推动管理，管理驱动员工。

PDCA 是由计划（Plan）、执行（Do）、检查（Check）、改善（Action）形成的营销闭环，具体包括找原因、找责任人、找差距、定计划、定期检查等。自上而下遵从决策推动中层，中层推动基层的原则。

决策先行原则三：以身作则，让数字化管理成为习惯。

在晨会、夕会、周会等会议上，我们要拒绝空谈，无论是企业经营者还是基层员工，都应该拿系统里的数据说话：凡是系统里的数据，我们都认；凡不是系统里的数据，我们都不认。只要能坚持三个月，这件事就会成为所有人的习惯。

选择或建设一个适合企业的数字化营销系统

数字化营销系统的建设是企业搭建数字化营销班子的核心，企业的营销管理、客户周期管理等，都要依托数字化营销系统，我们把它简称为“CRM 系统”。

企业如何建设或选择合适的数字化营销系统？这里面涉及两个问题：一是企业用什么样的方式去建设数字化营销系统？二是企业应该建设一个什么样的数字化营销系统？

（1）企业用什么样的方式去建设数字化营销系统？

关于这个问题，我们可以先了解现有的两种系统模式。一种是租赁模式，即 SaaS（软件即服务）云模式，我们也将其称为租赁使用的公有云 CRM 系统。这种模式类似于我们日常使用的微信，每个人的微信都是同一个系统，所有人的数据都存储在腾讯的后台，并不在我们自己的手里，虽然我们在本地可以浏览数据，可是这份数据腾讯手里也有。公有云系统有什么优点？一是它的初始费用并不高，企业只需要在一个周期内付一点儿费用就能直接使用，但是如果企业要长期使用，比如 20 年，累加起来的整体费用仍然不低；二是它方便快捷，只要有手机，企业里的人下载 App 就能直接注册使用，企业只需要按照人数付费。

公有云系统也有一些“致命”弱点。第一个弱点是它的功能十分标准化。如果企业想要修改其中的考核措施、考核政策、数据模型等，那么这些是无法实现的。第二个弱点是不易集成。租赁模式下的公有云系统，集成的代价较高。第三个弱点是数据安全性较低。

如果我们是规模较大的企业，或者对系统流程的需求比较复杂、管理个性化的要求较高，需要经常调整一些管理措施和流程，我们可以选择第二种系统模式：独立部署的 CRM+ 定制开发的模式。这种模式下，我们可以选择一套标准的独立部署模式 CRM 系统，再加上我们所需要的定制开发内容。

租赁模式与独立部署模式的对比，如表 2-2 所示。

表 2-2　租赁模式与独立部署模式对比表

企业 比较项	小企业或管理比较简单	规模较大的公司 / 流程需求比较个性化的企业
部署模式	租赁使用的公有云 CRM 系统	独立部署的 CRM ＋ 定制开发
付费方式	年缴（30 000~50 000 元 / 年）	一次性较大投入（50 万元左右）
优缺点	无硬件设施	需要租赁硬件设施
	标准化	个性化
	不易集成	高度集成
	数据安全度低	数据安全

独立部署模式下，企业在一开始有一次较大的投入，需要一次性花费 50 万元左右，同时还需要租用一些硬件设施。但是它可以很好地满足企业的个性化需求，并且可以有效地与企业的其他系统高度集成，如销售流程、服务流程，都能集成运算。在安全性上，独立部署模式也具有很大的优势，因为企业是直接租用的独立服务器，不用担心有人窥探我们的数据。

（2）企业应该建设一个什么样的数字化营销系统？

这个问题的延伸是，一个好的数字化营销系统应该有哪些功能？这些功能到底能解决企业营销方面的什么问题？

CRM 系统分为两类：ToB 业务和 ToC 业务。目标客户不同，两个系统的侧重点不同。ToB 型业务大多客单价比较高，成交周期和服务流程比较长，所以它的重点在于客户的数字化管理，包括客户的全周期管理、商机管理、销售预算管理、数据可视化管理。

ToC 业务大多是快消品，多次一次性交易，不存在多次付款，不存在赊销，客户付完款后企业送货，服务的流程相对简单。这类企业数字化营销系统的重点在于了解客户，在服务客户或客户复购的过程中，能精准推送更合适的产品给客户。所以 ToC 业务可以理解为精准营销类数字化管理系统。

行动教育是 ToB 业务，所以下面我们重点来分享一下 ToB 型业务的企业应该建设一个什么样的数字化营销系统。

CRM 系统有 4 个基础规则设置，分别为组织人员与业绩目标分解、区域权限划分、每日工作量设置、客户归属与服务时限管理。以“客户归属与服务时限管理”规则为例，我们在系统里设置好每个销售员每天应服务多少客户，并且规定上限与下限。如果员工服务的客户量低于下限，我们就会判定员工的客户量不够；如果员工服务的客户量超过上限，我们就会判定员工的客户量太大，这时企业会将该员工的客户分出一部分给其他员工。在设置好基本规则后，我们需要做到两个环节的管理。

第一个环节是销售过程管理。比如我们会从高层开始，要求每一位销售员都要制订任务执行计划和日志，其中设计了移动打卡、拍照签到等功能，方便我们实时掌握员工的工作动态及完成情况，员工还可以在手机上提交请假、报销等申请。因此，员工每一天的工作动态我们都可以在系统里看到，有要求，员工要做到，我们要看到。系统会帮助我们检查每天的标准工作量，比如销售员一天必须要打20个电话，如果某员工今天没有做到，系统会自动提醒员工“你违规了”。

第二个环节是商机管理。员工有新客户、新商机，要及时录入CRM系统。如果员工没录入或录入的量不够，系统同样也会提醒员工“你的过程指标没有达标”，此时销售经理、销售总监、总裁全都可以看到。在相关信息录入系统之后，员工会将该商机或客户自动转换为订单，如果成功签约，相应的合同订单就会更新相关数据，比如该客户最终选择了什么产品、享受了几折优惠、最终签约价是多少等。员工每月的业绩量基于该合同订单产生，如果他当月业绩量没有达标，CRM系统就会提醒所有人“某某的业绩没有达标”。除此之外，我们还可以做很多事情，比如分析漏洞、预测销售业绩、制作各种业绩排名、制作周期性的漏斗数据分析等，所有的服务流程也会集成进CRM系统，其中的每一个环节我们都可以在客户端上看到，客户也可以看到。

例如，一位企业经营者向行动教育交了两万元，想要报名定价1.8万元的课程，当他报名成功的时候，我们会从两万元的预收款中预扣 1.8 万元的课程费用。在这位企业经营者完成了课程学习后，我们就可以将这 1.8 万元的课程费用分给提供服务的销售团队及员工，这就成了他们的业绩。以上过程就叫作客户结算和内部结算，当结算流程结束时，所有人的业绩、绩效、工作量统计，包括客户的评价，都可以在客户端上看到，员工可以根据这些信息思考自己应该如何改进。

以上就是 ToB 型业务的企业应该建设的数字化营销系统，这个系统的重点在于提高销售成交率、客户满意度，维持客户的持续合作。如果我们能将该系统与供应链服务系统、项目管理系统打通，我们就实现了流程的自动衔接和全流程的管理。

从 2013 年到现在，行动教育成功地搭建了用户型组织“四支柱”，其中包括数字化人力资源、数字化财务、数字化人才供应链、数字化营销。这样一来，整个行动教育集团旗下所有子公司的人、财、物、销全部都被整合到了系统里进行协同化的流程管理，整个组织都是以成就用户为中心的，力出一孔，数出一孔。

人即是“墙”

用户型组织“班子”搭好以后，组织飞轮的第三个关键动作是什么？是数字化人才。

在一个组织里，最难的就是对人的管理，数字化企业管理的核心也是针对人的。只要“搞定”了人，事自然就“搞定”了。“人即是墙”，人即是一切，这句话的意思是说人可能是企业数字化转型的阻碍，甚至会把企业很多关于数字化的动作给反弹回去，导致数字化转型无法进行下去，或者让数字化转型走了样。这时，人就变成了壁垒，变成了企业数字化转型过程中的“墙”。

我们在前面分享过行动教育数字化转型的历程。2013 年，我们在做数字化转型的过程中，遇到了关于人的两个问题。

第一个问题是员工把客户当成自己的资源。在做数字化营销时，数字化平台显示有的员工业绩不达标，我们要求强关，员工会说：“这个客户是我的，你不能动。”如果我们真的要动这个客户，这位员工就会表现得歇斯底里，认为我们侵害了他的利益。在人性的驱使下，他会站在公司的背面，他想把客户牢牢地抓在自己手里，公司不能动也不能调走，甚至也不能够检查。

第二个问题是员工不是以成就用户为目的。有的员工表示自己没有客户，即便公司已经把客户分配给他们了，他们还是觉得不够，200 个客户不够，他们想要客户越多越好，于是 300 个、400 个、500 个……越要越多。但是我们仔细想一想，员工要那么多客户干什么？实际上他们是将客户当成了自己的资源，心里想的不是如何服务客户，而是想着占有客户。“占有”是什么意思呢？就像是在等待鱼塘里的鱼自己跳起来一样，等鱼跳出来时他们毫不费力地跑过去捡起来。所以鱼塘里的鱼越多越好，鱼越多，有鱼跳起来的概率就越大，这样他们顺手捡鱼的机会就越多。这样员工就不会花时间和精力跟进客户、服务客户了，只要坐在办公室就有客户主动找上门来。在这样的情况下，员工不是以成就用户为目的在做工作，他们不愿意付出，而是选择了守株待兔。

这就是我们在做数字化转型过程中遇到的关于人的阻碍。这样的阻碍导致企业低效，并且让企业的管理混乱，整个企业从决策到管理再到员工，没有一致性，无法同心同德。

这两个问题说明什么呢？说明人即是“墙”，我们必须要把这堵墙打通。企业都是“死”的，只有人是活的，只有人可以创造价值，可以改变一切。人是一切的创造，人可以无中生有，以自己的聪明智慧和辛苦付出把“泥土”变“黄金”。

华为为什么能成为数字化领军企业？看看华为如何投资数字化人才的就有了答案。2021 年，华为在全球从事研究与开发的人员约有 10.7 万名，约占公司总人数的 54.8%，其中至少有 700 名数学家、800 名物理学家、120 名化学家、15 000 名基础研究的专家和 60 000 名产品研发人员。

这一切都在告诉我们：数字化转型成功的关键在于人的转

型，“转”得最快的组织飞轮一定是组织里数字化人才“跑”得最快、最多的。所以，企业要激发人的创造力，打造数字化人才。那么问题来了：

- 什么样的人才是企业的数字化人才？
- 企业如何打破“人”这堵墙？

三大关键角色

什么是数字化人才？

很多企业经营者会把“数字化人才”理解为“数字化技术人才”，比如CTO、数据工程师、架构工程师等。参照专业机构的说法，麦肯锡提出数字化人才有四大关键角色：数字化高管、内部顾问、转译员、数字化车间主任。再结合我们的实践，我们将数字化人才定义为三大关键角色：数字化全员、数字化技术人才、数字化领导者。

数字化全员

数字化人才的范围居然变成了全员，这个答案既意外又不意外。因为每一次时代的变革，都是一次全员赋能，比如工业时代产业工人能力升级，互联网时代全员网络能力升级，相应地，数字化时代全员数字能力升级。

一个企业的数字化转型，不能仅仅依赖设立一个“数字化部门”，它应该为每一个员工与岗位进行数字化赋能，只有真正实现全员赋能，企业才算真正做到了数字化转型。接下来，我们还是以三一重工数字化转型的案例，告诉大家为什么数字化人才要全员赋能，以及如何实现全员赋能。

获得了世界经济论坛认证的“灯塔工厂”——三一重工北京桩机厂，是全球重工行业里首家获此殊荣的企业，这一了不起的成就印证着三一重工数字化转型的优秀成果，也让更多的人开始好奇它究竟是如何做到的。三一集团董事长梁稳根曾多次在不同场合强调：智能制造是三一事业未来发展的机会和基座，一种非常新的工业文明，会深刻改变人类社会，改变这个世界；要求全体员工持续加强数字化知识的学习，不断提升数字化的认知和技能；通过数据驱动公司的全面发展，提升产品的智能化水平，把工程机械变成工程机器人。

这些建立在对数字技术深刻认知之上、具有强大号召力的观点，也代表着三一重工转型之路至关重要的 4 步。我们着重分享一下有关组织的两个步骤。

第一，向学习型组织转型。正如我们前文所言，一切变革的基础是认知，尤其是一把手的认知。梁稳根一直以来都保持着“三个一”的良好习惯，即每天下班之后，一小时阅批文件，一小时运动健身，一小时学习提升。这些习惯让他能真正理解数字化，并且可以将数字化的理念透彻地灌输给高管团队，培养出真正有用的数字化意识。

梁稳根曾说，数字化转型如同“念经”，要做到周周念、月月讲，他也确实做到了如此。在三一集团，高管们的自主学习计划被考核、排名、演讲等多种形式推动着，自上而下，互相监督，互相鼓励，无一不在积极学习。

第二，引新人、改旧人。任何创新都需要多元人才的加持，传统企业想实现颠覆性的改变与创新，更加需要多元化人才的加入，而这种需要无疑要有企业大手笔投入的支撑。在新人引进方面，三一集团自着手数字化转型开始，一直在有针对性地大举引进数字化相关高技术人才与管理人才，尤其是拥有相关行业经验的数字化转型高精尖人才。仅2019年，三一集团BPIT（流程信息化）部的引进人才就比之前的存量翻了一番。

在改造旧人方面，三一集团为转换老员工的思想理念与技术能力，针对性地设置了数字化考试、编程考试，并配套了相应的培训，所有员工均可参与。三一集团会根据员工的考试成绩、职级等因素，给予提薪、现金奖等不同程度的奖励。

三一重工成功实现数字化转型最根本的底层逻辑就是人的转型，一切变革皆始于持续学习中的组织与人，而这也是数字化转型过程中最艰难的部分。一个企业，只有从企业经营者到基层员工，所有人都将数字化转型的理念内化于心，自觉践行，完成自我驱动，才能真正实现对数字化从“0到1”的探索，对人才从“1到N”的复制。

数字化技术人才

除了企业全员，数字化转型还需要一些技术人才，所以数字化人才的第二个关键角色是技术人才。数字化技术人才包括企业CTO、横向技术架构人才、专项技术人才、外部数字化系统专家等。下面我们重点说一下CTO这个角色。

在组织飞轮里，CTO作为技术方面的有力协助者、研发者，负责完成企业经营者赋予的各项技术任务。在与诸多企业交流数字化时，我们经常听到很多企业经营者问：“为什么我们请了优秀的CTO，却还是做不好数字化转型？”

这个问题，我们也曾经遇到过。行动教育刚进行数字化转型时，邀请了行业里非常优秀的CTO加入。在刚开始做时，我们也走了一些弯路。比如在做系统时，花了大量的成本、时间和精力，结果做出来的系统却不尽如人意。为什么？

经过复盘，我们发现原因在于CTO只是将数字化看作一场“技术升级”。CTO是负责企业的数字化技术升级的人，本质上没错。前提是，CTO要做好企业的技术升级，不能只懂技术，还要懂业务。这意味着，CTO要改变认知，不能以工具思维去做数字化技术，而是要以全局思维和战略思维去做技术，帮助业务成功。

要做到这一点，CTO 自己要深刻理解业务，知道企业的业务流程。数字化系统的开发端、测试端都得懂业务，对于每个产品，要能识别出核心能力，适度创新，快速试错，不断迭代，以用户体验驱动数字化系统优化。因此，研发团队一定要下终端，要到业务部门观察自己做的产品别人是怎么使用的，并且一定要自己也使用。同时，CTO 要全方位地组织 IT 团队懂业务、落业务，否则很容易培养出一支没有业务思考的数字化开发工具团队，最后设计出来的数字化系统只是一种“自嗨”的产物，业务团队根本无法使用或感到使用烦琐，结果不仅没有提高效率，反而降低了效率。这需要 CTO 系统性地训练、培养 IT 团队，同时也要以战养战，在实战中培养团队。

我们曾经让行动教育的 CTO 罗艺到业务部门做了三个月业务——他要通过服务客户，拿到订单。这么做的目的，就是让他学业务、懂业务，然后再回到 IT 部门，通过数字化的技术升级帮助业务成功。

数字化领导者

企业打造数字化人才的核心在于数字化领导者。企业在培养数字化领导者方面，除了前面说到的“战略共识”外，还有两个关键动作。

一是选择。并不是所有的领导者都具备引领数字化转型的能力或动力，组织需要选择合适的人才成为数字化领导者，然后培养他们的能力以推进数字化转型。

二是学习。一切变革始于认知，转型一定是从学习开始的。这一点在前面的内容以及上面三一重工的案例中，我们已经反复分享过，这里就不再赘述。

最后，我们再针对这三大关键角色说一下企业要如何合理布局。如图 2-14 所示，在企业里，数字化人才的合理布局应该是自上而下的，从塔尖的数字领导者到中间层的数字化技术人才，再到金字塔底座的数字化全员。

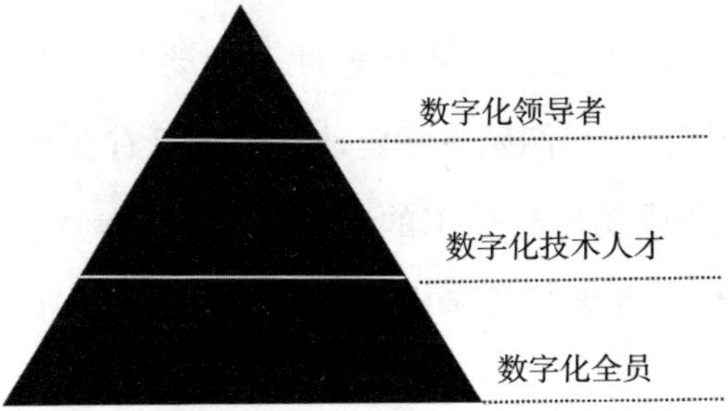

图 2-14　数字化人才在企业里的合理布局

让科技成就人才

企业要如何打破“人”这堵墙？

商业的本质是成就他人，对外成就用户，对内成就员工。因此，打破“人”这堵墙的核心是成就员工。成就员工的价值主张是如何体现？我们认为，它主要体现在以下两个原则：

- 尊重：发自内心地尊重并关爱员工，不凌驾于员工之上；
- 赋能：培养员工，给员工希望，让员工获得发展机会。

做到“尊重员工”和“赋能员工”既简单又难。首先，企业的领导者，尤其是企业的经营者，一定要秉承“自己和员工相互成就”的价值理念，做到使命为先、责任为先。在这一点上，行动教育的做法就很有代表性。行动教育的人才理念是“把员工当用户”。我们始终坚定地认为，只有在员工获得成功后，企业才会成功。当员工的利益与企业的利益发生冲突时，毫无疑问地，企业要优先考虑员工利益，因为员工的利益永远是第一位的。

企业秉承这一价值主张，在招聘新人时，就会把招聘的高度上升到“招募想当企业家的员工”。当企业家必须具备两大条件：一是人脉，二是能力。把人才招聘进来后，企业也会努力为员工创造这两大条件。首先是人脉。人脉就是资源，我们是一家企业家实效商学院，行动教育是为企业家和管理者服务的，如果员工用心去服务这些客户，那么这些客户未来都可能成为员工的贵人。其次是能力。行动教育的本职工作是培训，在行动教育，员工得到的最大福利就是便利的培训条件和众多的培训机会，只要员工想学、愿意学，行动教育都可以满足。这个培训的过程也是为员工赋能的过程。

《道德经》说："天之道，利而不害；圣人之道，为而不争。"也就是说，如果我们发自肺腑地想要成就员工，让每个人都能够在这个平台上持续成长、实现自己的梦想，那么这样的企业不太可能缺人。而且，唯有如此，企业的基因和文化才能传承且生生不息。

说到这里，有些企业经营者或管理者心里不免有些犯难："我们成就了他，万一他走了怎么办？"遇到这样的企业经营者或管理者，我们会反问他一个问题："如果你不成就他，他不走，那么你该怎么办？"今天的很多企业就处于这样的困境：不想成就员工、培育员工，却还教育员工要忠诚于企业；员工忠诚了，却也不出业绩了，该怎么办？

关于这种困境，我们非常赞同维珍集团创始人理查德·布兰森的一句话："栽培员工，让他们强大到足以离开；对他们好，好到让他们想留下来。"这也许是最朴素的解决之道。

以上是成就人才的价值主张，它是打造数字化人才的"道"，也是底层逻辑，那么如何把它与数字化科技结合在一起呢？

在现实中，许多企业在做数字化时，很容易把数字化科技系统和技术当作管理人的工具，比如把智能打卡用于监督员工是否按时上班，把数字化营销系统用于查看销售人员是否在岗、是否有正常工作等。企业往往忽略了人类趋利避害的天性，所谓“上有政策下有对策”，如今连定位上传、系统 ID（身份标识）都可以造假了，还有什么是不可以的呢？如果员工只是被动地使用数字化系统，他提供的数据又怎么能够确保准确性呢？那么相应地，我们依靠数据的决策很有可能也是错误的。

所以，企业要成就人才，千万不要单一地用管理的视角去做数字化，而是要以赋能、成就的视角做数字化。唯有如此，员工在使用数字化系统或技术工具时，才能是自发的、心甘情愿的，员工提供的数据才是准确的，最终呈现的数据才能服务于我们的决策。这意味着我们在组织飞轮里，所有的起心动念都要是成就员工。

过去，企业里员工使用的系统大多是管理工具，今天，让科技成就人才的起心动念告诉我们，企业应该把数字化系统变成一个成就员工的系统。比如让数字化营销管理系统具备趣味性、成长性、表彰性、过程性、可视化等特点。

在我们设计出一组新课程后，如果能将其覆盖学员的各项需求标准、课程展示与物料布置等多项信息，全部设计成在线化的动作，业务人员只需要在终端按照既有的要求与标准完成动作并上传系统，由系统自动生成全部动作的绩效与奖励结果，就自然能激发所有人的能动性，同时也能保证相关数据的准确性与及时性。

最后，基于商业路径，谋人成事。《道德经》里说“道生之，德蓄之，物形之，势成之。是以万物莫不尊道而贵德。道之尊，德之贵，夫莫之命而常自然。”这句话表明，万物的生长，是顺应客观存在的自然规律的，是适应自己所处的具体环境的。数字化转型也是一样的逻辑——谋人成事，找到对的人，培育人才，成就用户。

第3章

流程飞轮：让用户“飞”起来

企业要转动的第三个轮子是“流程飞轮”。通过战略飞轮、组织飞轮，我们有了数字化战略和数字化组织，接下来就要落地战略和组织，那么这些要“落”在哪里？“落”在流程上，通过流程落地数字化的具体动作，让用户“飞”起来。“流程飞轮”解决了“如何成就用户”的问题。

流程做减法，价值做加法

企业如何成就用户，有三个关键点，分别是流程建设、“四化”建设、“牛鼻子”项目建设。

我们先来说说企业的数字化流程建设。数字化战略是企业未来想成为的样子，是企业经营运作的根本和方向，企业的相关流程运作、组织设计都受其影响并随之调整。数字化组织是战略实施和流程运作的基本平台，在搭建起相应的组织机构后，企业才有落脚点进行相关战略和流程优化的贯彻落实。数字化流程是战略实施和组织运作的载体和方式，它按照战略运作的要求，在不同的组织平台之间穿插运行，从而实现企业成就用户的过程。

如果我们将企业看作一个人体，数字化战略就是企业的大脑，它决定着“人”所有的动作；不同的“组织”就像人体的各个器官，各自负责实现特定的功能，相互配合；“流程”则是连接不同器官的血管与神经，遍布整个身体，循环输送各器官之间的信息物质，维持人体的正常运转。

以终为始，无为而治

事实上，现在的企业不缺流程，几乎所有的企业在工作中都会有很多流程，比如工作流程、管理流程、业务流程等。流程是什么？流程是做事情的方法，是过程管理，这是我们对流程的一个基本理解。只是在传统的流程管理里，流程的上下衔接是靠人工实现的，因此经常会出现诸如事务延迟、企业内部情况难以追踪、客观差错难以问责等问题。

企业在实施了流程数字化管理后，能够很好地解决上述问题。我们可以把做事的步骤以及上下的关系通过数字化很好地衔接起来，这样简单、透明化，哪个环节出了问题，在系统中一目了然。

数字化流程的主要作用有三点——降低成本、减少差错、数据可视化。

一是降低成本。企业在落地业务流程数字化管理后，可以将更多的员工从日常重复性劳动中解脱出来。据行动教育多年的调研分析，通过数字化管理，组织中核心成员效率普遍会提升 20% 以上。流程数字化管理的根本目的是让“人”做更多有意义的事情，而非被埋没在日常重复性劳动当中。

二是减少差错。企业可以通过业务流程数字化管理，更加准确地进行品控，如在相关数据的计算上，机器显然能大大降低差错率。

三是数据可视化。业务流程数字化管理意味着数据可视化，这代表任何业务流程的各类数据信息，都可以在数字化系统中在线清晰呈现，我们在了解相关情况时不必再寻找、问询特定的职能负责人。比如当我们需要了解哪门课程最受用户喜爱、哪门课程用户接受度不高的时候，打开数字化管理系统就能立刻知道。

没有数字化的流程驱动也能打胜仗，但这就依赖于执行流程的主管和员工自觉担责，因此效率会低一点儿；有了数字化之后，企业可以用数字技术驱动流程变革，使其常态化，推动公司走向无为而治。

说到这里，我们不妨给数字化流程下这样一个定义：数字化流程就是以成就用户为中心，利用数字化做好过程管理。在数字化飞轮里，流程就是同心圆，即数字化流程是以用户为中心的端到端业务管理体系变革，是以终为始的流程数字化建设。

曾经企业的业务都是按照传统的既定流程推进，无论是设计、制造还是运营等流程，不同环节流程不互通，功能断点导致效率普遍不高。因此，要实现业务流程数字化管理，真正为企业带来超过10倍的效率提升，我们首先要深入业务场景，真正从用户的角度打破业务流转中各个环节的流程边界，带来触及业务灵魂的改变，杜绝让数字化转型沦为面子工程。

再来看看行动教育一个不太成功的数字化流程建设案例。行动教育的业务流程涵盖销售、教研、财务、人力等多个业务模块，在CRM系统刚上线的时候，我们没有进行流程变革，仍然按照传统业务运作模式走流程，这就导致我们初期的数字化流程建设成了“装样子”。比如我们展示给用户的课程菜单并没有完全与订单、课表设计等环节连通，业务人员仍然采取手动填单的方式对接、确认每一笔订单的各个环节，管理层依旧采取线下层层审批纸质单据的核验程序，原本在系统上应该集成化的业务流程被人为掐断。这就好比我们原本为了上班更便捷买了一辆电动车代步，每天却推着电动车上班。

在没有打通组织、流程的情况下，我们虽然看上去上线了数字化系统，但是事实上并没有实现任何效率提升，所有人预期的业务价值始终是“海市蜃楼”，这一切的根本就在于我们整体的业务流程并没有真正被打通。

在我们走了弯路的流程化案例中，我们看到企业数字化流程建设至少存在以下三个问题。

问题一：流程功能部门化。

在建设数字化流程时，我们只关注单一的功能部门内部的“通”，无视了整体流程的端到端多环节的“通”。当我们以为流程数字化建设有所成效时，其实只是部门层面的单一环节的业务效率提高了，而从企业的整体看，我们会发现这不过是“九龙治水”，流程断点不见减少，协作配合依旧困难，成本也更高了。

问题二：流程导向管控，而不是导向价值创造。

我们在建设过程中仅仅考虑到将各部门以局部利益出发的管控要求叠加进流程，却没有将以用户为中心的价值创造目标融入流程，这就导致冗余、低效的流程沦为管控工具，几乎丧失了价值创造的功能。

问题三：没有变革思维，为建流程而建流程，为上系统而上系统。

我们没有在一开始用变革思维做数字化流程的建设，虽然搭出了数字化的框架，填的却还是传统业务模式的“血肉”，纯粹为表面形式做工，内里依旧僵硬、复杂、陈旧，可操作性极差。

以上问题，同样也是许多来行动教育进行交流、学习的企业经营者所面对的问题，他们没有充分利用数字化的技术优势简化、重构业务流程，管理层级依旧冗余，决策依旧被动、后置，流程效率自然无以提高。

所以，在流程飞轮，我们要以终为始，以用户为中心，重新启动基于数字化的管理流程变革，因为端到端的流程化、标准化、数字化才是建立现代企业管理体系的基础。在行动教育的数字化营销流程上，我们对财务、人力、教研等几大流程进行打通重塑，打破功能部门的阻断，端到端地重新设计流程、优化业务管理体系等。

从上面的例子以及多年来的实践经验，我们总结出数字化流程的两个主要原则，或者可以说是数字化流程建设的底层逻辑：一是流程做减法；二是聚焦业务，从用户中来，到用户中去。

流程做减法

数字化流程的本质是为提升用户价值而服务，核心目的就是通过流程周而复始地高效循环，使企业的用户价值不断得到提升。我们曾经交付一笔订单的周期是三天，现在通过建设好的数字化流程可以将周期缩短至一天，甚至 6 个小时；曾经我们的业务目标达成率一直在 90%，数字化流程建设好后可以实现 99% 的达成率……这些都是数字化流程增值的体现。

企业要想让数字化流程真正支撑“作战”而不是阻碍“作战”，真正地提升用户价值而不是降低用户满意度，一个始终绕不开的焦点问题是：如何做好数字化流程管理与流程效率的平衡？

企业流程管控不足时，流程效率的提高只是局部的，从而产生“一花独放不是春”的情况，无法全方位打通的流程优化不是真正的优化，甚至有可能将企业领向失控的未来；企业流程管控过度时，则容易造成“横向不协作，纵向官本位，四周都是墙”的局面，员工被束缚住手脚，导致想做事的人做不成事，最终偏离建设数字化流程的初衷，损害为成就用户价值而生的数字化飞轮。

上面我们分享的企业在刚开始做数字化流程建设时犯的最大错误，就是流程管控过多，导致流程非常复杂、流程效率低，虽然都是通过数字化系统完成流程，但“跑流程”往往成了一线员工最头疼、抱怨最多的问题。

同样的问题，也多次出现在诸多企业经营者与我们的交流中，他们时常问我们：“一家企业的数字化流程究竟是多好，还是少好？”总有企业经营者认为，在管理和业务环节上增设越多的控制点，越能将工作做深、做透。可实际上，这种行为只会让工作越来越复杂，流程越来越难管控，为了处理好更多的工作，部门之下甚至会分解出更多更小的部门。最终，企业的组织变得臃肿、迟钝，冗余的业务流程逐渐拖垮所有人的工作效率。

一家企业的数字化流程究竟是多好还是少好？老子说："少则得，多则惑。"所以数字化流程越少越好，少即是多，流程要做减法。

人性喜欢多做，喜欢贪多求全

流程做减法，听起来很简单，无非就是砍掉冗余的流程，做起来却很难，为什么？

因为通常人性喜欢多做，贪多求全。做企业30余年，我有一个深刻的体会：做加法容易，做减法很难。企业决定开一家新公司，成立一个新部门，开辟一条新的产品线……做加法总是人人鼓掌。而做减法都是得罪人的，因为做减法意味着要伤害到许多人的利益、面子、汗水……

我们劝诫所有企业经营者：基于第一性原理，我们要懂得取舍，而且主要在于舍，懂得舍九取一。以行动教育为例，我们服务中小企业家，但十几年来，行动教育也只服务了来自70 000多家企业的企业家，而中国的中小企业总数在2 000万家以上。更有趣的是，随着对经营的理解越深入，我们越发认识到：服务70 000多家企业还是太多了，它造成了公司的资源分散。所以，在公司的数据化系统建成以后，我们一直在做减法。近三年来，我们对员工宣讲最多的是，请他们放弃客户。

过去很多销售人员认为客户越多越好，最好公司能给他100个客户，因为公司有数以万计的客户池。这种想法大错特错。因为我们发现：如果员工一年能服务好10名精准客户，那么他为公司创造的业绩至少有1 000万元；相反，如果他非要服务100名客户，最后的结果反而是一地鸡毛，因为他无法为这100名客户真正创造成果和价值。

2015年，我们曾辅导过一家餐饮企业。当时大部分餐饮品牌在经营上都遇到了客流量减少、营业额下滑的瓶颈。为了突破发展瓶颈，这家企业开始了数字化转型。在转型的过程中，其经营者开始思考：未来餐饮最优的模型是什么？当时这家企业的店面大多是五六百平方米的大店，企业经营者首先想到店面要缩小，于是他决定再做一个品牌，和原来的品牌完全区隔开来。这个新品牌选择什么产品最合适呢？经过多番比较，最终他选择了一个大单品市场——酸菜鱼。

在设计酸菜鱼的服务流程上，这家企业也在做减法。与一般餐厅强调服务相比，酸菜鱼除了提供门口迎宾及上菜服务外，其他一切流程都由用户自助在线完成：在线预订座位、自助等桌、自助点餐、自助加水、自助加菜、自助打包、自助开发票……所有服务流程几乎都用数字化系统自助完成。

许多人可能会感到疑惑：客户不会手机操作怎么办？很简单，不接待！这种将不合适的客户拒之门外的做法，反而可以将人员的人工成本、管理成本等降到最低。

除了在服务流程上做减法，这家企业还在服务场景上做减法。这家酸菜鱼将自己准确地定位为一家纯吃饭的餐饮店，放弃了诸如商务应酬、社交、生日会等多种消费场景。店内只设两人桌及 4 人桌，超过 4 位不接待。超出 4 人到店，一定要吃怎么办？必须分成两桌。

通过对服务流程做减法，该企业的酸菜鱼出餐快，顾客平均就餐时间只有 45 分钟，翻台率高达 4.9，大大超过餐饮行业的平均翻台率。

所以，数字化流程减法的原则，可以帮助企业确保数字化流程上的节点确有必要，力求做到“增一个则多，减一个则少”。

如何做减法

流程如何做减法？

在数字化流程建设的过程中，我们一直把“简化流程”作为重点工作来抓。在流程全生命周期管理中加入定期体检，力求减少流程节点，持续简化流程。在行动教育的数字化平台上，每出台一个新的流程，就必须砍掉另外两个旧流程；每增加一段流程（节点），就要减少两段流程（节点）；每增加一个评审点，就要减少两个评审点；每出台一个新政策，就要砍掉两个旧政策。例如，行动教育在数字化转型的过程中，组织上下共优化、删减了上百个流程，其中差旅报销服务流程的优化效果尤为显著。

行动教育的稳步发展使其业务逐渐扩张到全国30多个地区，此时的棘手问题之一就是员工的差旅报销问题——一段完整的报销服务流程走完往往需要一个月以上的时间，如果过程中出现任何疑问，这个时间更将大幅拉长。2013年以前，没有上线OA系统的行动教育，内部报销流程全部依赖纸质单据，每个财务人员的日常，就是在堆积成山的单据中“大海捞针”，能多快找到自己眼下需求的单据全靠运气。后来，财务人员约定好将所有单据分门别类堆放，可这种约定在其他部门同事“光临”时就会失效。

更令人头痛的是，不少员工没有及时报销的意识，总是在堆积了不少报销项目之后一口气填单、贴发票，而此时许多票据都已遗失，项目细节他们也记不清晰。这时，财务人员收到的报销凭据基本都不符合财务制度，如果向申请报销的员工提出疑问与要求，就会有很大概率被对方抱怨。所以，财务人员只能顶着情绪压力亲自逐项核对，一遍又一遍地用计算器清算报销金额。如果这个过程中有其他工作打断核算，一切又要重新来过。

其实，这个案例主要表现出了传统报销流程的三大问题。

问题一，手工填报复杂。复杂的手工填报流程是不少人即时报销的“拦路虎”，许多工作繁忙的员工面对冗余的流程，总是想着“等结束了手头的工作再报销”，最终导致报销超期，既损害了自己的利益，也影响了财务部门的工作。

问题二，审批周期长。冗余的审批环节，导致再简单的报销项目也需要层层审批，如果环节中的哪位管理者有事出差，无法面签纸质单据，报销流程就会停滞，甚至会出现一个多月都审批不下来的情况。

问题三，审核成本高。“先审单，后报销”的传统报销模式，让财务人员始终都需要面对大量纸质单据，并且长期存在“反复核对”的工作，劳心费神，无论是人力成本、时间成本还是管理成本都极高。低效的报销流程也促使一线员工对财务部门的服务长期处于低满意度的状态。

为彻底解决以上问题，我们以报销流程数字化、自助化为目标，大幅简化了报销服务流程，并推出可供线上报销的OA系统。该系统的主要流程与优势前文已详细讲述，此处不再赘述。OA系统建设的关键思路主要在于：单据填报数字化，审批流程简洁化，财务动作自动化，服务效率标准化。

如今行动教育极简的数字化报销服务流程，已经持续为员工创造了大量收益，节约了各方面成本，为行动教育的强势发展提供了诸多动力与便利。

我们通过对数字化流程做减法的实践，总结出三个方法论。

一是重塑业务处理模式。简化流程，不是意味着只能在老路上小修、小补，有很多场景，需要我们跳出思维定式，重新定义业务规则，重塑业务处理模式，这就需要我们真正沉下心来，走进业务现场理解业务的本质。

二是发现和去除缺少价值的环节。如果流程中各个环节结束后未能如愿创造出预期的价值，流程的执行也就失去了意义，执行流程只会白白地消耗资源。此时，只有删除那些冗余的流程，才能将有限的资源投入其他流程，在总体上缩短流程周期。

企业的一名中层管理者曾说："我们现在最大的爱好之一，就是分析工作流程的网络图，每一次能去掉一个多余的环节，就少了一个工作延误的可能，这意味着大量时间的节省。这两年来，我们去掉的各种冗余工作环节达 70 个，粗略评估一下，省下的时间达 3 000 多个小时，也就是 120 多天啊！"

三是剔除流程中的多余环节。充分、良好的内部控制才能保证流程输出结果的质量。不过，需要注意的是，最理想的状态并非控制越多越好，而是保证流程中"杂草不生，禾苗旺盛"。反过来，我们可以利用流程进行内部控制分析——在确定一个控制目标后，根据内部控制目标来确定关键的内部控制程序，再分析这些关键的控制程序，确定是否存在重复之处，是否存在优化的可能，这样一环扣一环地分析下来，冗余和重复的环节也就无处藏身了。

聚焦业务，从用户中来，到用户中去

流程做减法是不是就意味着偷工减料呢？恰恰相反，流程做减法，用户价值要做加法。上面我们说到的我们曾经服务过的餐饮企业，虽然在数字化服务流程上做了减法，但是在用户价值上做了加法。为了提升用户价值，企业专门成立了研究小组——研究什么鱼最适合做酸菜鱼。通过多个品种的对比，最后企业选择了加州鲈鱼，这种鲈鱼一般只有高档餐厅或星级酒店才会采用，因为这种鱼价格贵——平均每斤价格在 20 元左右，成本比黑鱼、草鱼、龙利鱼、巴沙鱼都高很多，并且不好养、容易死，但其优点在于鱼肉紧密度高、口感细嫩弹牙、油脂少而不油腻、鱼刺少。

为了腌好酸菜，该企业专门在广州建立了酸菜工厂。工厂选用 500 克一棵的芥菜，梗厚叶少，在芥菜不老不嫩时采摘，并切成大块儿，这样的酸菜吃起来才更加脆爽；腌酸菜的盐水也必须使用山泉水，因为自来水碱性重；腌制过程中不能添加防腐剂，因为防腐剂会影响酸菜的口感；温度和湿度都要完全还原重庆地窖的环境。一般重庆的酸菜要腌 3~4 个月，但是该企业酸菜鱼使用的酸菜只腌 30 天，因为这个时间的酸菜口感最脆，时间再长就蔫儿了。

尽管这家企业高度重视品质，但他们的餐厅平均客单价只有 76 元。这种极高的性价比源于哪里？源于流程做减法，流程就是成本，减少了流程，就意味着降低了成本。

该企业选择了一个极其小的切口，用一道菜、一种鱼、一个口味的减法思维在全国收获了 560 万名“粉丝”。2018 年，它在中国 3 000 多个酸菜鱼品牌中脱颖而出，排名第一。短短 5 年时间，它就已经扩张到 126 家餐厅，年营收 12.7 亿元，成为集团长出的第二曲线，并支撑了这家餐饮集团成功在香港上市。

我们从这个案例中可以清晰地看到：流程做减法不等于用户价值也做减法。数字化流程以用户为导向，从用户中来，到用户中去。

如何把以用户为中心落地到数字化流程中去呢？

企业要做的是围绕以用户为中心的数字化战略和业务活动流程，构建企业自己的经营和活动流程，通过流程匹配，让用户在每一个环节都感受到企业对他的理解，感受到企业独特的价值。

数字化流程的本质是以用户为中心的过程管理，是以终为始的数字化流程建设。其目标只有两个：一是通过数字化技术，使流程更短、更快，提升用户价值，促进业务有效增长；二是增加土壤肥力，提升基础平台服务能力，使企业运行更为敏捷。

“四化”建设

我们在与企业做“数字化转型”交流时，发现许多企业在第一步就将步子迈错了。不少企业经营者选择在上线数字化系统之后再做数字化战略、数字化组织，这时的数字化飞轮不是以用户为中心了，而是让用户去适应企业的数字化系统。更糟糕的是，有的企业甚至只是将已有流程复制进数字化系统，导致流程的灵活性远不如传统的人工手动模式。

企业进而陷入“文山会海”，需要通过频繁开会、发文协调相应的工作流程，不仅线上的系统难使用，大家的工作效率也被进一步拉低。组织越往后走，流程长期难以及时优化的弊端越明显——组织规模越大，分工越细，流程越割裂，无效动作越多，冗余、矛盾、不准确的非结构化数据就越多。所以数字化转型困难重重，谈数字化转型，只是空中楼阁。

在流程飞轮中，正确的顺序应该是先信息化，再标准化，然后是在线化，最后是智能化，我们把它称为数字化流程的“四化”建设，或者我们也可以把“四化”建设理解为企业数字化转型的步骤，如图 3-1 所示。

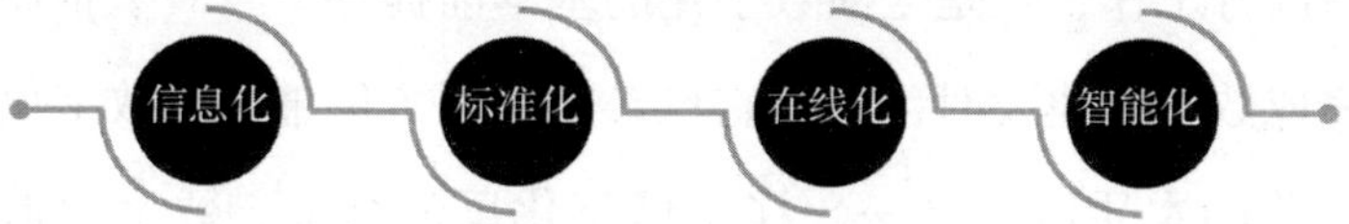

图 3-1 “四化”建设

信息化

“四化”建设的第一步是信息化。信息化是数字化的基础，没有信息化，相关环节的数据没有被采集，数字化转型就不可能实现。

说到“信息化”，这个概念已经提出很久了，很多企业特别是传统企业总是容易把“信息化”和“数字化”弄混，误认为企业的“信息化”就是数字化。

什么是“信息化”？“信息化”是将企业的人、财、物、销等业务过程数字化，通过各种信息系统，比如 ERP、CRM、OA、SRM（供应商关系管理）、MES（制造企业生产过程执行系统）等，将流程化的、重复的人工动作，全部或部分交由信息化系统来处理。在这个过程中，人的所有决策和操作行为都记录在系统中，随时可供查询。本质上来讲，企业信息化达成了这个目标，就被认为是成功的。

从定义来看，信息化是数字化的子集，它只代表着数字化的一部分工作，也是全面数字化的基本前提——当一家企业初步完成数字化建设时，通常它也必定实现了信息化。数字化和信息化的本质区别之一，在于信息化反映结果，数字化追究动因。

企业信息化建设的核心目标是降本增效。企业通过软件系统，比如 ERP、CRM、OA、SRM、MES 等，将标准化流程、管理制度、最佳实践，完全固化在业务运转过程中。试想，当生产制造企业失去了 ERP 系统，它们该如何实现科学、高效的生产？当企业的仓储管理失去了 WMS（仓库管理系统），它们将如何高效运作？当企业不再拥有强劲的客服系统，它们又该如何高效处理客户服务问题……

我们也要强调一点：虽然信息化软件系统的建设能起到降本增效的作用，但它只能让业务运作得更好，并不能决定业务的成败。当一个销售团队足够优秀，即便团队使用 Excel 管理业务也能及时达标；可如果一个销售团队太过糟糕，即便他们用上了顶级的 CRM 系统也难以完成业绩。只有当优秀的销售团队与优秀的 CRM 系统相互配合，这个团队才能管理好业务与客户，在确保现有业务与客户不流失的同时，充分挖掘新的销售机会。

为了让大家进一步准确地理解信息化建设，下面通过一个案例来为大家进一步说明和分享。我们曾服务过一家传统的生产制造企业，该企业为跟上新时代的数字化节奏，引入了ERP系统和MES。可在实际工作中，生产厂长基于自身经验与认知，将数字化系统的信息录入过程视作浪费工人时间的“无用功”。工人的抱怨与厂长的带头抵制，导致花费了几千万元的系统渐渐闲置。但企业的总裁与董事长依旧多次提出要提高效率，在缺少数据记录、所有环节照旧的情况下，这几乎是一项不可能完成的任务。而最糟糕的是，大家连无法提高效率的原因都难以准确定位，他们根本不知道人力、物力、时间都浪费在了哪一环节。

我们在接触该企业后，提出了在工作中及时记录所有工时与物料的建议，依旧选择抵制的厂长这次终于被罢免，另一位真正理解数字化的年轻人上任了管理岗位。随后的生产作业中，每个环节的工时、物料、生产参数等信息都被及时、明确地录入系统，哪些环节存在大量浪费逐渐明确，工厂生产线的改善空间也日益清晰，提高效率的方案也就应声而出。工人这时才意识到，虽然记录数据暂时花费了一点点额外的时间，但这一点点的时间，为流程、工艺、产品品质等多方位的优化提升提供了大量可靠数据，长远来看，反而是性价比极高的“有用功”。

信息化不是简单的记录生产过程或留存管理证据，其最核心的意义在于通过信息化手段获取、留存所有环节动作上可供分析、挖掘问题的数据信息，方便管理人员在系统看板上明确各环节的实时状态与优化切口，及时管理、优化，使得整个流程更准确、更及时、更高效。

所以，企业不管是在组织飞轮也好，还是整个数字化飞轮也罢，首先要做的就是信息化建设，借助信息系统实现流程管理，从而达到降本增效。

标准化

“四化”建设的第二步是标准化。企业信息化的核心在于通过系统采集企业所有流程的数据，但这些数据可能因为流程的问题不准确，标准化也就应运而生了。标准化建设是为了建立起科学系统的过程管理，保证每件事情、每个流程有标准可依。说白了，标准化是为了让后面数字化的数据更准确。

企业的标准化建设分为两个内容：一是企业的管理标准化；二是企业的数据标准化。

管理标准化

管理标准化是指把所有的业务流程、管理流程和工作流程做成标准的模板，员工按模板来做即可。比如，一名新员工在进入企业后，一看模板就懂，继而马上能按模板进行工作。这个模板是该岗位前面的人摸索数年的知识和经验的沉淀。

随着企业业务运作规模的扩大，我们通过标准化可以将企业流程的运作习惯、管理标准、实施程序进行固化，避免“一人一个样”现象的产生，减少人为因素的干扰。相关的标准化主要以流程文件的形式进行体现，它主要包括书面说明、流程图和表单。企业管理标准化有“四个一”：每一个岗位、每一个活动、每一份资产、每一个时刻都实现标准化。

从我们服务 15 万家企业的经验来看，所谓的企业数字化转型升级并不是产品的转型升级，其本质是用户需求的升级，倒逼企业的产品和服务实现升级。在企业锁定用户的同时，用户的各种需求变化反过来促使企业转型升级。这是一个十分自然的过程，完全是自动、自发的。正因为如今用户的标准很高，企业又要满足用户的标准，那么企业的标准必须要高，这时候会倒逼企业的产品标准化、人才标准化、组织标准化、服务标准化、流程标准化……企业的标准化程度也就更高。

商业竞争史，就是有标准的干掉没标准的，标准高的干掉标准低的。企业的标准有多高，企业的竞争力就有多强，企业对用户的吸引力就有多大。

因此，作为企业经营者，我们必须要主动给标准升维。起点的标准就要与世界级标杆看齐，当企业不断追赶，产品已经达到了世界级的标准，我们还要超越世界级标准，打破用户预期。譬如说，如果企业的标准是五星级酒店，一旦这家企业达到了世界第一的标准，接下来它就是要重新定义五星级的标准，形成新的五星级的标准，这样才能真正超越用户的预期。

行动教育有一个最底线的标准就是：“做简单，而非做复杂；做实效，而非做虚名；做规范，而非做权谋。”唯有这样才是长久之计。在行动教育，并不是所有的时候都要求下级服从上级，但任何时候都要求所有人服从制度和流程。

17 年前，我投身教育行业，开始讲“浓缩 EMBA”。时至今日，这门课我们已经讲了 400 多期了。迄今为止，我们备了多少次课？ 400 多次。也就是说我们讲了多少次课，就备了多少次课。在我们的办公室里，放着一大摞厚厚的讲义，从第 1 期到第 400 多期，每一期的讲义上面都有密密麻麻的涂改痕迹。经常有复训的企业家学员重返课堂，每次来的时候，他们都会发现，我们的课和上次不一样了。一个 5 年前听过课的学员亲口告诉我：“李老师，我 5 年没有来了，发现你今天讲的和 5 年前已经完全不一样了。”

为什么？因为我们永远都在思考：如何把这堂课讲得更精准、更实效？我们必须静下心来反省检讨，必须不断地向自己提出更高的标准。为了提升课程品质，17 年来，我们阅读了数以万计的图书，学习了哈佛商学院、巴黎高等商学院、长江商学院、中欧商学院等世界一流商业课程；在全球范围内游学，向世界级企业学习……还有一个小细节——我们开了 400 多次的课程品质改进会议。

什么叫课程品质改进会议？在行动教育，每一期课程结束，会务总监、场内场外总监、老师、组织人以及会务的负责人，必须在24小时内召开课程品质改进会议；每位与会者必须针对教学内容、服务标准、流程等所有影响用户体验的工作提出改进建议；每个人提出的建议和措施不得低于三条……作为企业一把手，没有人会来检查我们，是什么驱动我们不断学习，持续精进？是用户终身价值，因为我们知道，我们要对用户终身价值负责任。

所以，数字化转型最大的价值，不是给企业带来了大业绩，而是它倒逼我们改良了企业的基因，升维了企业的标准。正是这个高标准，决定了企业真正的实力，决定了企业的未来。

数据标准化

数字化的前奏就是数据标准化，数据标准作为一个统一的数据共识，在标准化中有重要作用。

企业数据标准化有三大内容。

第一大内容是数据模型标准，即元数据的标准化。我从事教育行业17年，最初在做数字化时一直没有重视数据模型。然而随着数字化阶段逐渐深入，我意识到，之前将数据模型看作存储过程的想法过于简单。数据模型之于企业数字化，就像人体的骨架，数据是血液，其间的连接与流向就是血管与脉络。因此，数据模型的标准化代表着数据血液能否在企业数字化人体中正常流动，是企业数据管理的根本基础。

第二大内容是主数据和参照数据标准化。主数据即表述企业核心业务实体的数据，客户、供应商、员工、产品等都在其列，是具有高业务价值的“黄金数据”，可以在企业内部跨多个业务部门重复使用；参考数据是便于对其他数据进行分类、整编的数据，用以规定元数据的阈值范围，通常会参照国际标准设置，或基于企业内部数据分类需求设置，基本保持不变。

第三大内容是指标数据标准化。指标数据基于实体数据，进行了计算方式、统计维度、分析规则等维度的信息加工。企业在财务、销售、生产、售后等环节均有各自的业务指标，这些指标需要同时在业务系统与数据分析系统中展现，部分指标还需从多个不同业务系统中获取，而指标数据标准，就是对这些指标项的统一定义与管理。如果没有它，那么业务人员几乎无法从多系统中准确拿到自己需要的数据，难以实现自主化分析；同时，每一次数据平台出现新的调整与变动，都需要对其涉及的各系统数据再进行一遍分析、定义，成本耗费巨大。

企业在做标准化建设的过程中，要在数据服务上下功夫，基于标准化的数据服务管理规范与服务管理流程，创造更大的业务价值，告别以往集成式、粗放式的传统数据管理方式，告别分散的数据服务化模式，让员工不再需要直面数据的汪洋大海。

在线化

“四化”建设的第三步是在线化。企业数字化转型的首要目标是在线化，也就是把企业“搬”到线上。

什么是“在线化”？在线化就是让过程看得见、摸得着。只有让企业全员看到、感受到，眼见为实，只有目睹，才会促进思考和理解，进而产生认同。可以想象，未来的互联网，不会再区分桌面互联还是移动互联，未来的互联网一定是建立在物联网的基础上，任何人、任何物、任何时间、任何地点都会在线，随时互动。

例如，在销售总监的决策看板界面，销售总监可以随时查看企业整体以及各分公司的销售情况，也能看到每位重点客户的销售服务情况。在可视化图表的帮助下，销售总监可以即时了解、即时分析、即时管理，及时对问题点进行重点跟踪。可见，在数据可视化后，它就成了一种助力管理的服务与工具。

“在线化”分为业务在线和组织在线。

业务在线

企业通过流程数字化可以实现业务流程化、流程在线化，让人工手动模式的流程转型为在线自动化模式，真正让企业的业务流与数据流同步、共生，便于把线下业务推至线上并将二者打通，实现商业模式的创新。

在业务端，数字化营销是行动教育数字化转型的主航道，我们构建了以用户为中心的在线营销服务平台——CRM。CRM 打通了线上与线下，并且打通我们的人力资源、财务、教研等，帮助我们立即储存和检索客户的详细信息，使销售员快速分析数据，并为用户问题提供解决方案。当企业的响应变得积极主动时，用户也很乐意合作，并协助解决问题。通过业务在线化，我们可以带来更好的用户体验、更高的运营效率和更领先的竞争优势。

组织在线

组织在线是指利用数字化技术建立承载企业文化、员工与组织互动、团队协作、组织赋能、知识探索、员工服务的企业在线协同平台，实现组织的 24 小时在线服务。

钉钉不仅提高了组织和个人的工作效率，还改变了人们的工作方式。所谓工作方式，就是人们在实践过程中为达到一定目的和效果所采取的行为方式。如图 3-2 所示，钉钉通过“五个在线”明确并重塑了人的行为与组织行为之间的关系，助力企业与员工打造全新工作方式。

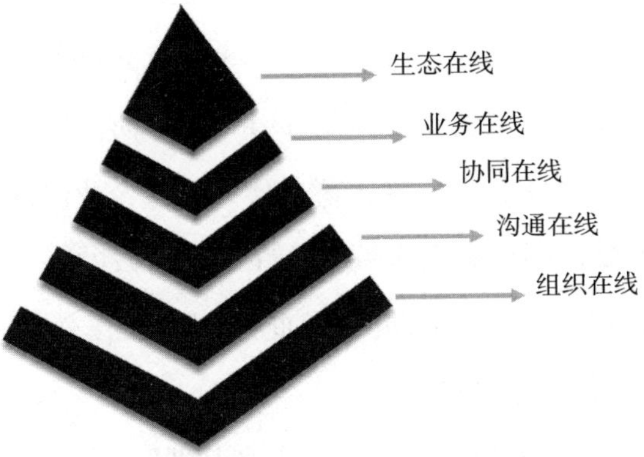

图 3-2　钉钉的“五个在线”

早在 2008 年，在组织在线方面走在全球尖端的华为，已经在全球 100 多个国家与地区开展了业务，海外销售收入占企业总收入的 75%。大量业务导致的组织间频繁联系，让当时的华为在组织协作方面面临极大困境。于是，华为实施了“One HUAWEI”协同办公数字化项目，通过该平台统一了全球各组织间的在线服务。同时，为了应对全球范围内内部人员流动频繁的情况，华为将人事服务、培训服务等组织管理服务全面在线化，形成全球华为人不论身处何处，都能与各组织、各人员无缝连接的局面，让组织管理进一步扁平化，内部协同沟通更流畅、更高效。

企业如何实现在线化？由于每一个变革涉及面都很广，我们的做法是坚持一块一块地做，不管是业务在线化，还是组织在线化都是一块一块地进行，不急于求成，允许将变革的周期拉长一些。以字节跳动如何做到5万人在家协同办公为例。新冠肺炎疫情期间许多人只能居家办公，这为企业内部的工作协作带来了困难，因此绝大多数企业在这一阶段的工作效率都有大幅降低，可字节跳动的员工在此期间的工作效率不降反升。字节跳动是如何做到的？

一是硬件。“工欲善其事，必先利其器”，字节跳动的首要动作是准备好协同工具。由于部分同事回家没有带电脑，IT团队当时从员工工位及仓库中找出数千台电脑，寄到了每一位员工的手中，针对部分滞留海外的员工，字节跳动还从海外办公室调用了电脑寄到他们身边。

二是软件。字节跳动十分重视各种协同办公工具的投入与应用。以“健康报备”应用为例，居家办公期间，字节跳动发现，虽然已经明确要求所有员工每天主动上报自己的健康数据，但上报比例并不高，并且每天庞杂的原始数据也无法直接使用。字节跳动随即决定自主开发收集、记录相关数据的应用，并要求负责该项目的员工在两天内上线该应用。这数十位员工分别在数十个城市远程联动，在拆解任务步骤后，他们通过排期表实时更新、共享各步骤的进度，最终，在协同办公中按期完成了目标。应用上线后，全公司上下填写率接近 100%，达成预期。

支持这一系列快速响应的，正是字节跳动对协同办公工具的投入与应用，在字节跳动看来，每个工具只要做出 5% 的改进，就能对企业的效率产生巨大影响。在这方面，字节跳动原本也是对接的第三方软件，可随着企业的发展，字节跳动发现这些工具都不能完美满足自己对于协同办公效率的需求，便果断自主开发了“飞书”，在逐步完善、迭代的过程中，飞书也慢慢从单纯的在线沟通工具升级为完整的办公套件，承载着字节跳动全球 5 万多名员工的主要工作。

为了让大家在居家办公期间也能有“一起工作”的感觉，字节跳动还开发了“线上办公室”的功能，员工在线后可全天开启语音，有问题与需求可以随叫随到、即时沟通，完美还原办公室环境；当多位员工需要一起讨论问题时，“思维笔记”功能又可以实现多人协同绘制思维导图……

三是流程。字节跳动总结出了一套更加高效的在线会议流程，即“飞书阅读会”模式，简称“飞阅会”。具体步骤如下：

第一步，通过日历确认、匹配与会人员空闲时间，自动创建会议群；

第二步，主持人（也可能不是主持人）在会议开始前，在会议群中上传写有本次会议全部议题的文档；

第三步，会议的前15~20分钟，所有与会人员在线阅读文档，并以评论的方式备注自己的问题；

第四步，文档作者与主持人回复评论中的问题，若回答不了，便会在评论中@其他人（不限于与会人员）回答，被@的人会在手机上接收到通知；

第五步，进入会议的第二阶段，众人通过语音回答、讨论前面的步骤中没有解决或没有回答清楚的问题，所有问题处理妥当后，一次“飞阅会”便完整结束了。

该模式与传统PPT（演示文稿）会议模式的区别在于，首先，十分聚焦，没有太多可发散的内容，整个会议只围绕问题展开；其次，会议全过程直接被文档记录了下来，无须二次操作，所有人都能通过文档了解会议内容。

除了会议流程，字节跳动针对OKR的目标管理流程也进行了精进。居家办公期间，字节跳动没有要求每一位员工明确每天要在家里完成什么，只是有针对性地设立了一个较大的团队目标，向所有人发起挑战，鼓励大家像打仗一样一起冲锋。

这个方式很好地激励了所有员工，对短期的居家办公状态很有帮助。

总结下来，企业要实现远程在线的高效协同办公，需要做到三点：一个良好的协同工作硬件条件，一套功能强大的协同工作软件工具，一系列适应在线协作的高效工作流程。

智能化

“四化”建设的第四步是智能化。企业智能化是数字化转型的高阶目标，而成为万物互联的智能化企业，则是其数字化转型的终极目标。当5G（第五代移动通信技术）、AI、云计算等各式前沿数字化技术被广泛运用时，数字化已经由点状数字化升级为全面感知的“数字孪生”。

通过信息化、标准化和在线化对企业原有的流程进行改造，此时企业大幅缩短了流程时间。使用信息系统记录数据，留存了数据，就能够对数据进行分析和挖掘，寻找优化点，发现流程中的问题，对问题进行分析和改善，使整个流程更准确、更及时、更高效。当然，企业首先要做的是信息化，就是借助信息系统实现流程管理。审批可以通过移动在线的App进行，管理者无论是在办公室还是在出差的路上，随时随地可以审批，确保高速响应业务需求。针对每个环节，企业都可以建立相关指标，从而监控每个环节的工作质量和效率。接下来企业要让在线化的流程智能化。

什么是智能化？

智能化在计算机网络、大数据、物联网和人工智能等技术的支持下，逐渐具有能满足人们的各种需求的属性。比如无人驾驶汽车，就是一种智能化的事物，它将传感器物联网、移动互联网、大数据分析等技术融为一体，从而能动地满足人们的出行需求。它之所以是能动的，是因为它不像传统汽车，需要被动的人为操作驾驶。

由于企业智能化支撑的企业运营效率主要体现在流程效率、决策效率、员工效率三个方面，因此，企业在进行智能化建设时，主要从以下三个方面实践。

业务流程场景智能化

企业可以在业务流程上深度应用AI、5G、物联网、视觉感知等新技术，以实现业务场景的少人化、智能化、数字化，将基于即时数据分析的流程决策融入业务环节，在提高流程自动化程度的同时满足客户的个性化需求。这样不仅能改善企业运营流程，还能提升客户服务体验，实现降本增效。

如今，企业的业务场景智能化在技术的限制下仍处于初级阶段，有很高的提升空间。例如，智能方案在复杂性与系统性上仍有欠缺，设备与设备、设备与人、设备与环境之间的数字互联还不够深入、全面。但是，技术是持续发展的，企业无论是从数字化的角度出发，还是从自身竞争力发展需求出发，都不能等待，而是应该有节奏地开展智能化应用试点。

行动教育抓住一线销售员在外跟进客户时的场景，深化数字化、智能化运用。一方面，通过全景拍摄、图像AI识别等手段，获取销售人员跟进客户时的场景；另一方面，通过仿真等技术，直接远程在线拍摄视频，实时传送到数字化系统上，我们的销售管理者可以进行客户跟进规范验收，这样大大提升了工作效率和数据准确性。

我们由此得到经验，企业智能化要在自身业务特点的基础上进行智能驱动的数字化转型，不保守，不冒进，同时应从“能感知”“会思考”“可执行”“能进化”4个维度进行数字化升级。

对制造型企业来说，智能化升级带来的改变更可观，它将为企业带来更大、更广、更高质量的效率红利，并帮助企业高速向高质量的高端制造、智能制造模式转变。

业务管理决策智能化

企业可以基于智能分析平台构建企业的智慧大脑，通过大数据与AI模型对所有数据进行深入的智能分析与准确的业务预测，由此对企业未来业务进行前瞻性的预判，推动决策前移，提升应变能力，让业务运营更精细、更敏捷，企业优势更明显。

在行动教育的数字化财务系统上，我们基于实时的结账信息、账务单证处理数据等，实现财经的智能监控和集成财经预算预测分析，并自动生成授权的经营数据报告卡片推送等。这些不同于以前的可视化看板，其关键是能够为实时、主动、智能化的决策提供支持，能够发挥对业务作战的指挥作用。

人际协作智能化

企业可以构筑一站式智能协同办公平台，在提升流程效率、决策效率的同时重点关注员工效率的提升。如何关注？企业在智能驱动阶段，应基于人与人、人与组织、组织与组织、人与知识之间的配合与沟通，聚焦员工个体的数字化办公与团体的数字化协同，从个体与团队两个维度改善数字化服务，以提高员工效率。

行动教育在 2013 年发现，随着自身业务的发展与规模的扩大，碎片化的传统办公模式并不能继续满足组织的各种需求。因此，行动教育即刻在全国范围内全面启动统一 IT 装备与办公协同的变革。

当时，行动教育面临的办公情况十分严峻：90% 的高管有高频的国内外出差需求，同时还要兼顾大量的日常会议，以至于有将近 1/3 的会议都是在出差途中进行的；不仅高管，销售人员也有类似的烦恼，有 2/3 的销售人员每天都要在与客户见面、交流时，或者开会期间、出差途中同时处理客户问题；另外，遍布全国各分公司的服务交付人员里，有 80% 的人要随时与行动教育总部沟通交付问题……

重重压力下，如何实现远程办公、移动办公与在线协同，成为行动教育数字化转型的重中之重。意识到这一点的行动教育，在数字化的早期大规模投入了协同办公平台建设，试图将全国 40 多个办公场所和其中的全体员工，连接成一个不受地域、时区、环境等因素约束的整体。

在智能化建设的过程中，我们碰了许多壁，经过多次试错，行动教育最终确定的思路是，智能协同办公平台的建设，是针对员工办公与组织协同的双重变革，企业应该立足一线业务需求，站在全局角度统一规划、统一架构，应基于岗位职责与办公场景设计解决方案，打造企业最重要的数字化入口。

基于以上思考，我们采取了如下策略，以建立统一的办公 IT 标准：设备层面，有办公 IT 设备、考勤设备、网络设备、视频设备等；操作层面，有计算机硬盘分区规范等；门户账号层面，有集中身份认证、账号管理、单点登录、统一应用入口、统一信息共享等。与此同时，我们还为移动化场景构建了移动办公 App，专门针对有此需求的市场人员、服务人员及管理者，进行了多场景的业务梳理与流程设计。

虽然智能化是企业发展的大趋势，但它目前仍处于初级阶段，无论是数据采集过程中的深度与质量，还是各项新技术的发展，都不够成熟，绝大多数智能化产品还有很大的提升空间，因此企业在进行智能化建设时也不宜操之过急。

现阶段企业的智能驱动数字化转型应聚焦于可获得性的智能应用，渐进式推动智能化转型工程：一方面，我们通过全面开展业务数据的服务化，深度打造企业数据业务化与数据服务的能力，实现业务智能化运营；另一方面，我们利用 AI 技术，在业务场景的基础上实现企业业务的自动化、无人化，直至面向智能化的未来，帮助企业大步实现敏捷军团作战模式。面向未来，我们相信数字化企业最终会走进全面数字智能世界。

从企业信息化到标准化、在线化，最后到智能化，数字化的演进对企业来说既是挑战又是机遇。翻开商业的发展史，我们会发现很多企业获得“成功”，只是因为跟上了时代的节拍而获得了一些高速发展的机会。今天的时代节拍是什么？是不断发展的互联网，也是不断完善的数字化。想要在激烈的竞争中脱颖而出，就要顺应时代变化，跟准时代节拍。完成信息化、标准化、在线化，走向智能化，实现数字化，这是打造百年企业的关键所在。

抓“牛鼻子”

数字化是一个大工程，有了前面的两个动作，接下来我们要找到“牛鼻子”，抓住数字化的“牛鼻子”。对企业来说，特别是中小企业来说，人力、物力和财力都有限，但资源越少，企业就越要把资源用在刀刃上。中小企业在刚开始做数字化时，不要面面俱到，要抓住主要矛盾和矛盾的主要方面，才有可能创造出局部优势。那么数字化转型的“牛鼻子”是什么？

2013 年我们刚开始做数字化时，也面临管理混乱、资源稀少的问题，庆幸的是，我们准确地抓住了数字化的“牛鼻子”，它们分别是财务、业务（营销）、人力资源。

我们的数字化建设分为三个阶段：第一阶段是“抓”钱，建设数字化财务；第二阶段是“抓”业务，建设线上营销的数字化，也就是 CRM；第三阶段是“抓”人，建设数字化人力资源系统。我们按照先核心业务再扩展业务的顺序，逐渐成形，一直到现在还在不断迭代和完善。

“抓”钱

数字化流程第一个要抓的“牛鼻子”是财务。在组织飞轮中，我们已经给大家分享过如何搭建数字化财务班子，这里我们主要从流程飞轮的角度来给大家分享一下。

为什么在面对财务时，许多企业家和管理者会天然产生一种抵触和厌烦的心理呢？为什么一看财务报表就“头疼”呢？因为过往的财务流程和制度，要么效率低下、数据庞杂，让人看不清重点，只能在一堆数据里绕来绕去，看得云里雾里，最终无法科学指导决策；要么财务工作人员与其他部门严重脱节，只对着基础财务工作埋头苦干，财务流程和制度无法落地，华而不实、形同虚设，这样得出的财务报表自然流于形式。

财务数字化转型，不仅需要进行财务组织调整和信息系统建设，更需要进行财务流程再造，让财务与企业所有部门、所有岗位紧密相连，精准落地。

随着企业的发展，许多大型企业呈现出多元化、多组织、跨地域的业务形态，如果每个子公司都各自执行不同的财务管理方式，那么财务成本将居高不下，所以，数字化财务流程再造的核心思想是化繁为简、“中央集权”。

在搭建数字化财务系统的过程中，企业的数字化财务流程再造便已随之启动，目标是打造出一套适合所有业务单元的业务流程，让财务工作从烦琐变得简单。并将企业原本分散在各业务单元单独进行的报账、核算、结算等流程，按照统一的要求调整，让企业财务权限回归集团总部，缩减各单元财务人员的权限和编制。

具体而言，数字化财务流程再造需要以下三步。

第一步：企业经营者和高管要精通财务

只有理解财务报表的来龙去脉，企业管理者才能找到数据背后的决策逻辑。因此，管理者要用数据指标为企业做“体检”。

遗憾的是，今天很多中小企业的老板和管理者没有数据思维，只有文科思维，做决策靠的是拍脑袋、凭感觉，喜欢说大话、讲空话。我们有过多次类似的经历：很多老板给我们讲述的和我们看到的财务报表完全相反，他们自以为企业经营得很好，我们看完他的报表却心惊胆战。这也说明：唯有数据才是最真实、最客观、最科学的，才能真正一针见血地指出问题。

因此，做企业不能用文科思维，从第一天成立企业开始，注册资本金、房租、水电费用、工资、奖金、原材料费用……所有的一切都是钱，都是数据。所以，全世界的企业都是用一套财务规则来衡量企业经营的好坏。企业家和管理者必须了解企业的游戏规则，因为没有经营高手会听你的形容词，一切语言在数据面前都是苍白无力的。德鲁克讲过一句名言："只有数字的管理才是科学的管理。"

行动教育每个月必须召开一次财务报表分析会，董事长、财务总监和各业务线高管必须坐下来，认真仔细地分析三大报表，并通过这三面"魔镜"不断反省：自己在哪里做了错误的决策？企业或部门亏损了吗？库存增加了吗？应收账款增加了吗？固定资产变大了吗？现金流是否健康……集团甚至会要求每一个事业部、每一家分公司都必须做出自己的三大报表。只有管理者看懂了三大报表的逻辑，明白什么是对的、什么是错的，才能通过财务报表中的果去追查病因，及时诊断：什么产品该做，什么产品不该做？什么客户该做，什么客户不该做？什么团队该做，什么团队不该做？成本该如何控制……

如果大家感兴趣，就可以查阅一下行动教育的报表——收入和利润不错，几乎没有库存、没有应收账款、没有借款，账上储备了十几亿元的现金。虽然公司投资了一栋教学楼，但是，与公司的资产规模相比，固定资产所占的比例控制得非常小。而且我们算过一笔账，相比在五星级酒店开课，自建教学大楼每年可以节省 900 万元的成本，服务品质还能大幅提升。因此，如果管理者能够看懂财务的三面"魔镜"，就可以及时控制经营风险，做出最科学的决策。

第二步：财务流程分析及优化

财务流程分析是化繁为简的重要举措，其目的在于将那些可以和需要纳入财务共享服务中心的流程拎出来，以便于更快、更好地完成这些财务业务。

通常情况下，企业中能够纳入财务共享服务中心处理的财务业务主要有以下几种。

一是企业中处理频次高、普遍存在的财务业务，如员工报销、应收应付、会计月结年结等；二是能够专业化、标准化处理的业务，如固定资产申请等；三是需要集团总部对下属业务单位管控的业务，如会务预结算审批、规章制度上线审批等。具体而言，能够纳入财务共享服务中心处理的业务主要有以下6种，如图3-3所示。

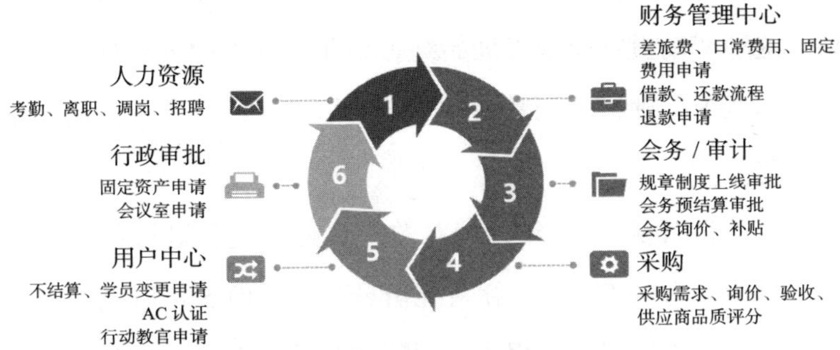

图3-3 财务共享服务中心的业务

在将可以纳入财务共享服务中心的业务进行归纳和整理后，企业还需要对这些业务的处理流程进行优化、再造，形成规范化业务流程。

规范化业务流程主要包括处理环节操作规范化、客户需求响应机制规范化、业务流程及信息系统变更流程规范化等，涉及业务处理的方方面面。

第三步：持续改进

数字化财务流程再造是一个持续的过程，没有哪个企业会当天宣布“我们来做数字化财务流程再造”，然后第二天就宣告再造成功的。

企业家和管理者需要知道这一点，随着企业发展状况如企业战略、成本管理等方面的改变，数字化财务流程也要随之变动，这种变动贯穿企业发展始终。企业家和管理者要具有持续改进的意识、敏锐的洞察力和坚定的信念，以适应变化甚至超越变化。

行动教育从 2012 年开始对数字化财务流程进行优化和再造，行动教育的 CRM 业务系统初具雏形，但 5 年后就出现了新情况，需要集团合并报表，再往后几乎三个月一小改，一年一大改，如图 3–4 所示。

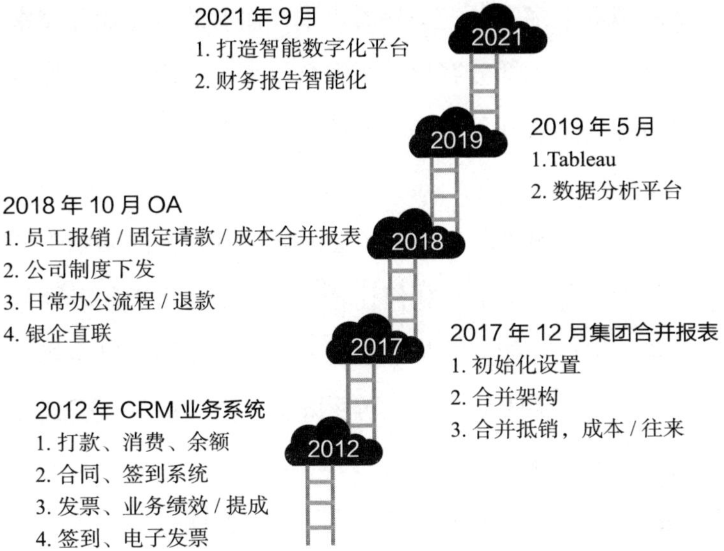

图 3-4　数字化业财一体化建设持续改进情况

注意，数字化财务流程的再造需要根据企业的具体情况进行具体评估，评估指标包括企业的体量、性质等，以上流程再造完，预计至少 3~5 年。

“抓”业务

数字化流程第二个要抓的“牛鼻子”是业务，也就是销售。

业务状况是企业经营的“晴雨表”，经营状况的好坏可以从业务状况中直观反映出来。在企业经营中，一旦出现“黑天鹅事件”，有的企业销售情况急转直下，紧接着现金流不足、供应链断裂等诸多问题一一暴露出来；而有的企业业务照常开展，只是损失了小部分客户甚至完全没有受到影响。就像有的人感冒后睡一觉就好了，有的人体质差，持续发烧、咳嗽三个月都不见好转。

在“黑天鹅事件”发生后，逐一解决其带来的问题十分必要，但从长远角度考虑，如何让企业在面临“黑天鹅事件”时具有足够的抗风险能力才是最重要的。当企业的抗风险能力逐步提升，即使“黑天鹅事件”再次降临，企业也只会受到极小的冲击，不会危及根本。

提高企业抗风险能力的第一步是什么？就是重新审视企业的业务。这是最先受到冲击的地方，就像企业的“城墙”，“城墙”不破，敌人就无法攻到城池内部。

行动教育对接的是企业家客户，大部分工作要通过线下推进完成。新冠肺炎疫情发生后，许多线下业务无法顺利开展：首先，员工散布在全国各地，员工之间互联困难；其次，客户与企业之间也分散在全国各地，企业难以维系客户；最后，企业家客户自身也受到极大冲击，忙着自救，无暇学习。我们与客户之间的联系瞬间断裂，后续的营销工作和课程开设马上就会受到影响。

表面上看，新冠肺炎疫情造成的阻隔是客观存在的，人力无法改变的；深究其本质，是我们原有的客户销售与服务的价值传导体系失灵了，一旦出现一个我们没有预料到的状况，所有的工作就都停滞了。

面对这种情况，我们能做的就是重构客户价值关系，在新形势下提供新价值。客户价值体系创建的全过程为：客户发现—客户接触—商业握手—价值传递—新价值创造，此时我们要做的就是重新梳理这个过程。

以客户发现为例，我们使用哪些方式发现客户？微信公众号、小程序、短信、员工拓客、电话营销、现场活动营销、媒体广告等。现在，除了现场活动营销无法开展，其他方式都可以运用。但此时并不能广泛采用这些方式，而是要做三件事。第一件事是对所有客户进行分类，列出每个客户的渠道来源；第二件事是做培育，根据查找的线索，对每个客户进行系统分析，为他们设定不同的培育机制和体系；第三件事是匹配培育方法，知道哪些客户需要靠公众号的文章影响，哪些客户需要发短信不停感化，哪些客户能够被成功案例影响……

在做完这三件事后，客户的发现过程才算完结。我们发现，在使用更精细的流程重构客户价值关系后，我们的业务不会因为疫情而停滞，反而会源源不断产生新的业务。

“抓”人

数字化流程第三个要抓的“牛鼻子”是人力资源。

国内一家知名的互联网公司，购买了一套 SAP HR 系统，但是这个软件只是 HR 部门使用，员工不用，管理者不用，HRBP（人力资源业务合作伙伴）不用，而且 HR 部门的员工经常需要加班倒腾报表，给老板看。然后他们经常对外分享："如何人力资源数字化。"这就是很多企业的现状。

人力资源数字化和信息化的本质差异是，信息化是一个人力信息的记录工具，而数字化是指人力业务的数字化，即标准化、线上化、自动化。其关键用户变成了员工、管理者、HRBP，最终以数字化的方式运营人力的业务，赋能公司业务，帮助战略的落地。

基于现状，企业的人力资源从流程上面如何做数字化转型?

行动教育在全国各地有 30 多家分公司，如果没有标准化、数字化的人力资源操作流程和系统，那么这在人力资源的运作上必然会导致效率及准确性不高，可能也会有些隐性问题。所以从 2013 年开始，总部决定搭建一个端到端、通俗易懂的人力资源流程及系统，最大限度地将每个流程标准化并建立整合员工及人员经理自助服务模块，以成就员工，赋能组织。

搭建一个标准化、数字化的人力资源操作流程或系统，需要从以下 6 个方面着手。一是流程的一致化，企业整体使用同一个流程，可以提高整体员工的效率，节省人力和时间成本；

二是流程的透明化，通过这个人力资源操作流程，员工可以明确自己要做什么、为什么做、怎样做，得到强有力的指导；三是信息的可靠性，人力资源操作流程一定要提供准确、可靠的信息，综合考虑各种因素，以免发生重复、错漏现象；四是操作的简单化，简单的操作系统能让员工随时随地登录查看，更加方便快捷，五是操作的敏捷性，在人员调配频繁的企业，这一点尤其重要，人力资源操作系统需要配合业务调转，必须敏捷灵活；六是员工体验感好，员工用起来舒适，人力资源操作系统便能提供更多价值，赋能所有员工。

行动教育的人力资源流程在员工入职之前就已经开始，人员计划是第一步。在这一步中，招聘团队需要根据劳动力市场的预测，以及企业业务计划，进行人力资源动态预测，根据预测结果，调整人才需求状况，再进行前期市场搜寻，多渠道宣讲行动教育的企业文化和价值观，使潜在候选人对行动教育产生一定了解。当岗位出现空缺时，招聘团队便可以依据前期准备，准确、迅速地进行空缺岗位填补。

当候选人确定并发放 Offer（录取通知）后，HR 需要与员工保持良好沟通，并做好一切员工入职前的准备工作，如签署合同、电脑及邮箱账号申请、工位安排等，在员工入职的第一天，一切都应该顺利进行。

员工入职后不能马上上手，这时企业如何赋能员工？行动教育通过数字化学习平台，给员工创造了一个得天独厚的学习环境，在任何地点、时间，员工都可以快速登录平台学习课程，平台还能实时监控学习效果。

行动教育的员工全流程数字化人力资源平台能够实现员工一站式体验，员工从入职，到调转、晋升都能在平台中完成，平台记录了员工的工作经历、任职经历、业绩水平、发展潜力等各方面信息。管理人员可以通过平台对员工发起职位调动、薪酬建议、绩效面谈等对话。

为了让所有员工迅速了解全流程数字化人力资源平台的使用，行动教育展开了多种形式的培训和沟通，包括每个具体流程的操作方式、常见问题的解答，甚至发布了操作引导视频，所有人都可以掌握平台的使用方法。

数字化是一个历程，不是一个结果，更不是上线一个软件。企业要以开放的心态拥抱变化，以成就用户为中心，持续改善，让用户“飞”起来。

第4章

迭代飞轮：开机即关机

企业数字化转型是一个渐进式、螺旋式上升的过程，需要不断地迭代，一个台阶一个台阶地上升。数字化企业需要持续迭代和优化升级，“迭代飞轮”解决了“怎样持续成就用户”的问题。

复利即复购

到这里，我们已经转动了三个飞轮——战略飞轮、组织飞轮、流程飞轮。通过战略飞轮，我们找到了做数字化的方向，也就解决了“为什么要成就用户”的问题；通过组织飞轮，我们搭建了用户型组织，做到了人、财、物、销的匹配，也就解决了“谁来成就用户”的问题；通过流程飞轮，我们知道了做数字化的具体动作，也就解决了“如何成就用户”的问题。现在，我们的整个数字化飞轮已经转动起来了，而且转得不错，那么是否意味着我们可以高枕无忧了，可以躺在数字化的“功劳簿”上数钱了？

当然不是。企业的每一次变革、转型都不是一次压轧成型的，比拼的是自我迭代的速度。

微信赢米聊，仅仅是靠系统能力吗？绝不仅如此。坐拥12亿用户的微信，在诞生之初有一个强劲的竞争对手——米聊。米聊的用户峰值曾一度达到3 000万，在互联网社交版块，这是很不错的成绩。为什么米聊最终销声匿迹？因为微信迭代了几百次，每一次都是“重拳出击，拳拳到肉”。

微信2.1版本，添加了“好友验证”功能，维护了用户在网络社交平台上自主选择好友的权利；微信2.2版本，“查看附近的人”功能上线，将微信原本的熟人社交模式打破，更多人为了体验陌生人社交开始使用微信；微信3.0版本，推出了“摇一摇”功能，让社交变得娱乐化；微信4.0版本，“朋友圈”功能横空出世，微信从简单的通信工具进化为系统的社交平台，此时，米聊的用户数量已经不再增长；微信4.5版本，“公众号”功能上线，成为新媒体领域的最佳宣传渠道，凝聚了一大批内容创作者；微信7.0版本，推出了“视频号”功能，微信与大众喜爱的短视频内容接轨……

2022年，微信已经更新至8.0版本，每个版本又进行了无数次优化，才成就了今天大众生活中必不可少的移动软件，因此，微信是当之无愧的“迭代之王”。

所以，最后一个飞轮很重要，它就是迭代飞轮。

什么是“迭代”？很多人把它理解为“升级”，但我们认为不能把迭代简单地理解为“升级”。升级是一种线性的进程，是在目标确定的情况下，达成目标的过程，是一次性的；而迭代是重复反馈进程的活动，是在目标高度不确定的情况下，不断地、重复地折返前进，在这个过程中，可能既无方法可循，也无过往经验可依。迭代的背后逻辑是自循环、自驱动、自运营。就像微信每一次的更新，都是主动开创新功能，并经过反复论证、调研和实践后，才出现在大众视野的。

根据迭代的定义，我们可以拆解迭代飞轮的关键词，分别是复利即复购；我心即彼心；开机即关机。下面我们将逐一分享。

复利效应：世界第八大奇迹

有人说：“时间和复利，是世界上第八大奇迹。”

什么是复利

复利相对单利来说，又称为“利滚利”。如果我们投资了100元，每年增长10%，按照复利计算，第一年110元；第二年：121元；第三年133.1元……以此类推，3年是1.1的3次方，5年是1.1的5次方，10年是1.1的10次方，50年是1.1

的 50 次方，这样的计算方式就相当于是在利滚利了，也可以叫作几何级增长。

下面再按照单利来计算一下。一般银行存款都是按照单利来计算的，第一年：100×（1+10%×1）=110 元；第二年：100×（1+10%×2）=120 元；第三年：100×（1+10%×3）=130 元……以此类推，5 年是 150 元，10 年就是 200 元。

有的人可能觉得，两种计算利息的方式看上去也差不了多少，复利真有那么神奇吗？

我们可以从一个故事中感受复利的巨大威力。有一位老人为国王献上了自己发明的国际象棋，国王非常喜欢这个新奇的玩意，告诉老人可以从他这里得到任何想要的东西。

老人提出了他的请求："我的愿望是您赏我一点儿米粒，不过要按照我的方法给。在棋盘上的第一格放上 1 粒米，然后在第二格上加倍至 2 粒，第三格上加倍至 4 粒，第四个格子加倍至 8 粒，以此类推，每一格均是前一格的两倍，直到放满整个棋盘为止。"国王听后哈哈大笑，认为这一点儿都不难，随即安排大臣按照老人的要求给米粒。

第一排的 8 个格子，分别放上了数量为 1、2、4、8、16、32、64、128 的米粒，有的大臣提议说："就这么点，不如给他一车米粒。"可当放置到第二排的最后一格，也就是第 16 格时，国王和大臣都笑不出来了，因为第 16 格需要放 32 768

粒米。紧接着到第 20 格，要放 524 288 粒米，第 30 格要放 536 870 912 粒米。棋盘总共有 64 个格子，放完整个棋盘，需要 18 446 744 073 709 551 615 粒米，全国的米粒都装不满。

这个故事足以说明：任何看似不起眼的数字，在不断复利下，都有可能成为一组天文数字。

那么复利和单利的差距到底有多大呢？如果我们有 10 万元，年收益率都是 10%，那么分别按照复利和单利的方式计算收益，比较的结果，如图 4–1 所示。

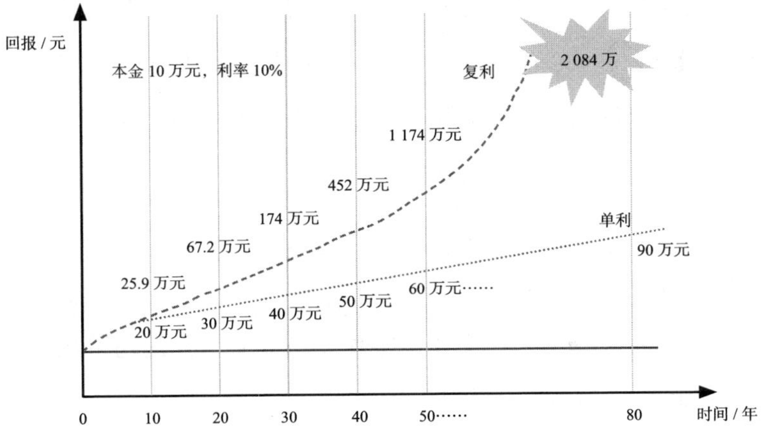

图 4–1　单利和复利收益比较图

从图中我们可以清晰地看出，从同一个起点出发的两条曲线，一开始差距非常小，随后差距越来越大，到第 30 年时复利收益已经比单利收益多 4 倍多了；到第 50 年时单利收益连复利收益的零头都赶不上了。这就像老人索要米粒一样，一开始看起来不多，但越往后数字越令人咋舌。

复利之所以被称为“第八大奇迹”，是因为它揭示了一种巨大的力量，就像滚雪球一样，一个很小的雪球从雪山上滚下来，在这个过程中，雪球的表面积会越来越大，体积也会越来越大。

数字化飞轮最后就是要像滚雪球一样。我们用数字化飞轮成就用户，每天帮助用户滚两个雪球，每天滚一圈，慢慢地，我们就会滚成一个巨大无比的飞轮，最后实现数字化飞轮的自运转。什么是自运转？我们通过数字化飞轮成就一个新用户，新用户产生复购，成为老用户。老用户会购买第二次、第三次，这样整个数字化飞轮就自运转起来了。

复利的双要素

企业的数字化飞轮要如何实现复利效应？我们还是从数字化的角度给大家画一下重点。

复利的第一个要素：持续学习，反省改进。例如，我们刚刚讲完第 436 次“浓缩 EMBA”课，行动教育的教学委员会要求我们的第 437 次课程，必须在第 436 次课程的基础上迭代 10%。

怎么迭代？我们只能在第 436 次课和第 437 次课之间，疯狂学习，找到差距，反省改进。迭代 10% 相当于 10 天内每天迭代 1%。这 1% 从哪里来？

一是从每天晨会的分享中来。行动教育要求员工在每天晨会开始时，互做搭档，演习昨天的课堂，互相反省自己和对方工作中存在的问题，并分享昨日所学的知识，以达到复利效应。

二是从每周的品质会议中来。行动教育每周都有品质会议，要求老师对上一个课程进行复盘，并提交改进点。改进点就是在上一个课程中，老师认为可以改进的地方。比如我们每次上完“浓缩 EMBA”课，就会在课程讲义上用铅笔画出可以改进的地方，每一页纸上都被我们画满了。迄今为止我们已经上过 436 次“浓缩 EMBA”课，我们的讲义就改进了 436 次。

三是从每月的总结中来。每个月，行动教育的老师都要做总结，总结中需要提交 30% 以上的改进点，并保证在下次授课中改正这 30% 可以改进的地方。这 30% 的改进点并不是凭空捏造的，而是在多维度追踪客户，追踪内部伙伴，以及不断阅读、不断反省自我的实践中得来的。

客户从这次课程中学到了什么？在这个问题上客户怎么改进？一线员工认为存在哪些问题？我们的个人认知提升后再看待这些问题有没有新的感受？其他世界级管理大师是如何看待这些问题的？这些都是我们需要收集的信息。多维度收集完反馈信息后，我们会根据这些信息改进和调整课程内容，比如客户认为收获大、价值高的内容，我们就做加法，再深挖下去；客户认为没有意义，听完没有“感觉”的内容，我们就要做减法，减少这类知识的输出。

就这样每日改、每周改、每月改，再将时间刻度拉长便是每年改、每三年改、每十年改，持续改下去，铁棒磨成绣花针，最终形成复利。持续改进的本质是在一件事情上不断深度思考、不断举一反三、不断追根究底、不断去伪求真，去洞察问题背后的问题，原因背后的原因。

日精进不是一个动作，而是一种思维方式。拥有这种思维方式的人永远在思考：今天如何比昨天做得更好？明天能不能比今天进步一点点？我们要把这个循环系统内置到自己的思维系统中去。

每日精进，日拱一卒，不停地刷新品质，这条路永无止境。试想一下，如果企业里所有人都围绕着用户价值，每天学习，不断反省，持续改进，那么这家企业成为世界第一不过是时间问题。

如果我们十年如一日地研究这些问题，就会发现自己在这个领域的知识变得更加系统，而这一切能够保证自己在这个领域中稳步地提升。所以，千万不要被短期的价值迷惑，复利不是自动化的过程，而是考验人性的过程。如果我们现在告诉那些爱喝酒的人，从今天起你不要喝酒了，每月省下来的钱10

年后可以换一辆保时捷，请问他们愿意吗？80% 的人都不会这么做。复利的数字化也是这样，它是一种常识。如果所有的复利后期都可以“躺平”，那些创业成功的企业家早就不用学习了，他们为什么还要费那么大劲儿学习呢？

复利的第二个要素是时间。种一棵树最好的时间是 10 年前，其次是现在。

在复利曲线上我们可以看出，随着时间的流逝，曲线刚开始的时候增长平缓，越往后曲线越陡，增长幅度越大。也就是说，我们越早开始数字化，复利时间就越长，后期产生的效应也就越强。

“股神”巴菲特早年的投资年收益率并不惊人，只有 19.8%，他一生中 99% 的财富，都是在他 60 岁之后获得的。因为那些投资在他 60 岁之后呈现“爆炸式”增长，就像复利曲线上的关键转折点。所以，复利需要时间体现它真正的价值，尽早地把时间投入到产生高效益的事情上去，得到的回报就越多。

头拱地，死磕用户价值

知道了什么是复利，以及复利背后的逻辑，我们在这个基础上，再来理解复利即复购。

如果把复利效应对应到数字化飞轮中去，就是通过数字化飞轮不断加强复购率，进而客户转介绍，形成良性循环。这就是复利即复购。

如何提升企业的复购率呢？

一个销售高手，他对自己一整年的销售业绩进行了详细的统计，最后得出了这样一个统计结果：在这一年里，他给潜在客户打出 36 000 个电话，其中有 28 800 个客户会接，有 11 520 个会听他讲，有 4 608 个会产生兴趣，1 843 个会出来看，737 个会考虑，294 个会有意向，117 个会洽谈，47 个想买，最终成交的只有 18 个。

观察这些数据，我们会发现它呈“漏斗”形分布，最上面是 36 000 个客户，一层层筛选过滤下来，36 000 变成了 28 800，又变成了 11 520，最终到了“漏斗”底部，达成交易的只有 18 个，这 18 个人才是真实成交的客户。

这些数据说明什么？要把新客户变成真正的用户，成本是巨大的。企业的复购率来自哪里？来自用户的复购率和转介绍率。所有的商业成功都聚焦在老客户身上。有人做过研究，发现一组数据：利润率高的公司，25%~75% 的利润来自老用户。已有用户的成交份额每增加 5%，企业利润会增加 25%~85%。这说明企业利润主要来自老用户，新用户只是血源，投入周期长，成本高，投入大，很难通过一次性交易带来利润。

因此，复购的关键就是让自己的老用户满意，让他们从“一生一次”到“一生一世”。如果不靠创新拴住老用户，不靠创新维持价格，我们就会发现自己陷入左右为难的境地：如果不降价，那么产品卖不掉，企业会“死”在库存上；如果打折降价，就又会“杀”死战略，“杀”死真正有价值的老客户。最后哪条路都走不通，企业陷入死循环。

要跳出这个死循环，企业唯一的路径是通过数字化飞轮成就用户，用独一无二的用户价值来拴住老用户的“量”，让老用户从消费 1 次到 10 次、100 次、1 000 次、10 000 次……最后积沙成塔，企业才能真正得到利润。

那么，一家企业应该如何实现较高的重复购买率和客户转介绍率呢？有两个要点。

要点一：从用户漏斗到用户沙漏。

我们要倒过来，把“漏斗”变成“沙漏”，如图 4–2 所示，防止“猴子掰玉米”，一边掰玉米一边掉。变成沙漏是什么意思？即使客户漏斗是 2 000 ∶ 1，只要有一个人漏进来了，我们就不能让他漏出去。如此一来，只要我们不停地积累沉淀，企业的终身用户就会越来越多，用户也越做越大，最后企业才能越做越大。越多好用户沉淀下来，我们的员工会越做越轻松，企业也越做越轻松，因为它解决了本质问题——效率。

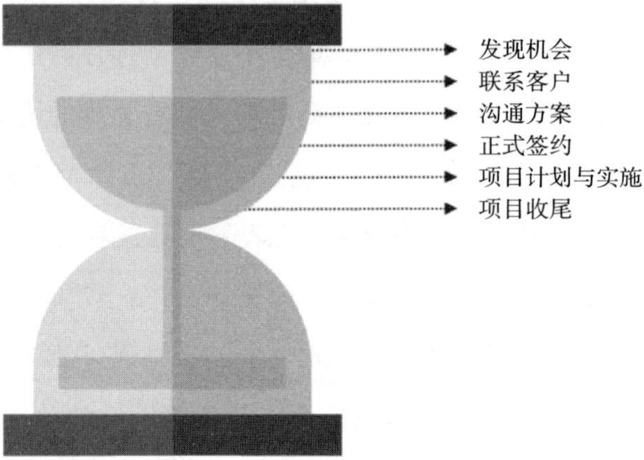

图 4–2　从用户漏斗到用户沙漏

终身用户的高效率体现在哪里？一是复购率，大用户有持续消费的意愿和能力。二是转介绍。用户的能量越大，它的繁殖能力越强。大用户介绍过来的客户往往也都是大用户，是他们的上下游合作伙伴。

不过，在这个问题上，很多企业最容易犯的错误是，在某一个点上创造用户价值后，就开始横向发展了。这点是需要警惕的。很多企业，表面上看是为了提升用户价值，但实质上是为了自己，为了销售业绩，为了做大规模。所以，很多企业打着用户需要的幌子，大肆扩张。

既然我们知道数字化飞轮的中心是成就用户，那么，为了与用户“一生一世”，我们必须持续不断地为用户提供独一无二的价值。要想提供独一无二的价值，我们就不能横向发展，而应该不断地往深处打，把自己的价值定位做深做透。没有独一无二的价值，用户就不可能真正和我们“一生一世”。

要点二：把用户价值做到超出期望。

商业的本质是成就用户，只有帮助用户成功，才有我们的成功。所以，我们必须成就用户，我们要让用户心甘情愿、发自内心地尖叫。

如何才能让用户尖叫？我们提供的用户价值必须超越用户的预期。只有当我们的产品和服务超越了用户的预期，用户才会由衷地发出这样的感慨：“哇！这就是我想要的！”

一家企业的用户价值是由谁决定的呢？我认为是创始人。一家公司的基因是由创始人决定的，真正决定一家公司能否基业长青的原点，是创始人的真爱。

一家企业的创始人，对自己的这份事业、对用户，是发自内心地真爱。有了真爱，他会想尽一切办法把这件事情做到独一无二，而且这个独一无二的价值不是短期的，而是长期的。

铃木敏文为什么每天吃自己公司的便当，却真心觉得吃不腻？因为他对这份事业保有真爱。褚时健为什么睡在烟田里不觉得苦，挑选鸡粪不觉得臭，不也是因为对事业的真爱？

人是贪嗔痴的动物，人性是趋利避害的，谁都不能完全丢掉这些“杂草”。只有激发我们内心的爱，心中的“杂草”才能自然枯萎和毁灭。

爱是什么？爱是一种选择！如果我们爱用户，我们就会选择为用户无条件付出，就像父母对孩子的无条件付出。父母不是为了未来有回报才付出，一个正常的家庭都是在不知道未来的情况下，仍然无条件付出。付出到没有东西了，还要继续付出，这就是最大的爱。我们要用这种思维去对待客户，只有爱铸就的事业才是永恒，用爱铸就的客户才是永恒。

为什么顶尖高手可以把产品做到 10 000 米深甚至 100 000 米深？就是因为爱，他要给用户最好的产品。因为爱，他会拥有强大的专注力，瞄准一个目标，不断往深处走。最终，随着时间的积累，所有对手都望尘莫及。最终，他给用户提供的价值，不仅独一无二——独一是差异化，无二是不可替代，而且会超越用户的期望，因为他会把产品“打穿”，把它做“绝”。

所以，我们不需要做很多，只需要做好一件事情，把这一件事做到世界第一就够了。我们要极度聚焦，因为不聚焦在一点上，根本没法超越用户期望。

超越预期，它的源头是爱，它的内核是爱。但是，爱是一种听起来很虚的东西。要把这份爱落到实处，我们还要找到一个管理抓手，这个抓手就是品质管理。

品质是什么？品是三个口，来自口碑；质不是质量，而是本质。品质是口口相传的本质。怎么保证品质？头拱地——死磕。趴在地上，死磕到底，没其他方法。最后我们会发现，所有成功的企业都是一样的，品质源于创始人头拱地死磕，产品就等于企业家的人品。

大家如果读过稻盛和夫的《干法》，就会知道他是怎么死磕产品的：抱着产品睡觉，倾听产品的哭泣声。乔布斯打造苹果，可不是甩手掌柜，他对产品的追求到了“变态”的地步，像疯子一样……今天翻开这些大佬的历史，他们都是靠死磕产品获得成功的，没什么捷径可以走。

企业绝对不是做好一个战略就能轻易成功的，而是全靠创始人头拱地死磕。所以，今天要么就别做，要么就头拱地死磕，这就是企业家精神。没有这种精神，企业根本不可能成功。

成功没有什么技巧，就是这么朴素，就是这么简单，其他都是花拳绣腿。这才是本质，从 1 米——1 000 米——10 000 米——100 000 米，持续聚焦，深度聚焦，头拱地死磕用户价值，把这口井打下去，永无止境。

关于复利即复购就分享到这里，总结一下：选择做难而正确的事（数字化转型），开始的时候常常是特别难的。当我们知道复利效应，知道复利即复购，我们就会少一份慌张，多一份坚持。世间发展变化是永恒不变的主题，那唯一的确定性就是持续迭代自身。

我心即彼心

“我心即彼心”，首先这个“心”是成就用户之心。“我心即彼心”说的是企业要有成就用户之心，以用户心为心，用户的心就是企业的心。

商业的本质是成就用户，提升用户价值，甚至要提升用户的终身价值。从以终为始的角度来看，企业做数字化是为了成就用户，那么企业从第一天做数字化起，就要以终为始，起心动念和行为都要是成就用户之心和成就用户之行。

说到这里，给大家分享一个我曾经走过的弯路。2013 年，行动教育开始做数字化转型时，由于没有经验，我们深度研究和学习了优秀的数字化企业的案例，并将一些好工具和方法应用到企业。然而，虽然我们严格按照优秀的数字化企业的逻辑执行，但最终还是没有见到成效，耗费了企业大量的人力、物力、财力。在这个过程中，许多核心人才纷纷离开了行动教育，因为他们的“憧憬”幻灭了：不仅个人收入大幅减少，而且面子和自尊心都被深深刺痛了。

我们的大脑中一直有一个声音在拷问：我们到底失败在哪里？

从表面上看，问题出在各个方面，比如管理混乱、没有经验、没有数字化人才等。后来我们从一本书中读到了电通创始人的“鬼十则”，其中一个观点让我们幡然醒悟。电通创始人强调：在电通，所有人都是“鬼”，只有一尊“神”，那就是用户。电通的一切都是为了成就用户，在成就用户的路上，神挡杀神、佛挡杀佛……犀利用词的背后，折射出的是这位创始人成就用户的决心。

透过现象看本质，我们找到了行动教育做数字化失败的根本原因：我们没有真正以用户为中心，而是以自我为中心——我们做数字化的出发点是为了提升业绩和利润。换句话说，我们的数字化之所以失败，是因为人性中的“病毒”——自私、贪婪、急于求成在我们身上发作了。我们没有真正从提升用户价值出发，没有以用户心为心。

我们常说“尊道明德”，商业的“道”就是成就用户。很多时候我们都在说“创造用户”，“创造用户”实质上是得不到用户的，我们只有去成就用户，才会得到用户，所以迭代飞轮的第二个关键点是“我心即彼心”。

企业在数字化飞轮上要做到“我心即彼心”，整个组织就要同德同行同心。同德是共同的价值观，企业要宣告一份伟大的用户愿景，让所有人在一个价值观的驱动下达到思想上的同心同德；有了成就用户的共同价值观，企业才会在行动上同心同行；有了共同的价值和共同的行为，企业全员才会在成就用户的目标上同心同向。

“千人同心，则得千人之力；万人异心，则无一人之用。”这句话的意思是说，如果一千个人同心同德同行，就可以发挥超过一千个人的力量。如果一万个人离心离德离行，那么连一个人的力量也比不上。

企业做数字化的“心”是美好的，但现实总是很“骨感”。我们在前面反复说过，人性是利己的，是贪婪的，是懒惰的。人性中的这些弱点把企业这颗做数字化的美好之“心”消磨殆尽。所以，企业如何做到让所有人同德同行同心，以用户心为心，用数字化成就用户，是迭代飞轮中一个很大的问题。

结合行动教育这些年的实践和走过的弯路，我们总结出“我心即彼心”的落地路径，如图 4-3 所示。

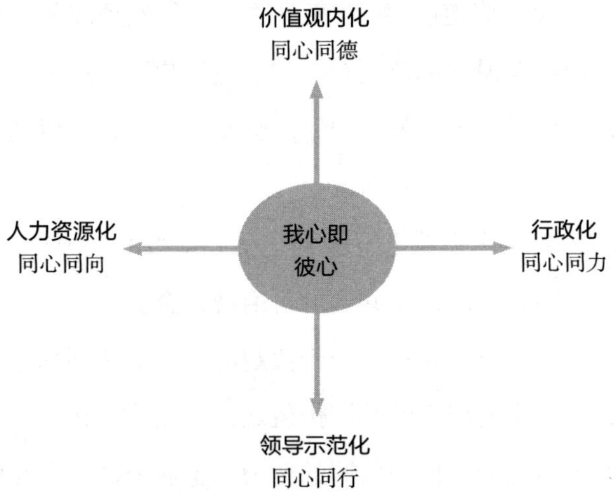

图 4-3　企业落地“我心即彼心”的 4 条路径

价值观内化：同心同德

企业落地“我心即彼心”的第一条路径，也是最重要的路径，就是价值观内化。什么是价值观内化？

价值观内化说的是企业在做数字化时，要进行价值观升级，以用户心为企业心。价值观乃发于形而下，成之形而上，终于日常。价值观是企业最重要的共同的行为准则，是企业最重要的品德标准和做事、做人的标准。

企业要做到“我心即彼心”，要做到用数字化成就用户，就要在源头上进行价值观升级，改变企业的“土壤”：全员从利己主义转向用户主义，让企业从上到下都能够认可成就用户的价值观，让所有人的起心动念都放在成就用户上。只有用户先成功，才有企业数字化的成功。

成就用户，在所有企业的价值观体系中，属于高频词汇。可是，同样是用数字化成就用户，为什么有的企业做成功了，比如华为首席数字化转型专家朱伟伟在数字化转型交流中分享道，“华为的数字化转型从企业的业务需求出发，以用户为中心，利用‘业务 +IT’的双轮驱动，构建了一套立而不破的 IT 系统”，有的企业却做失败了呢？其中的差别在于：我们真的说到做到了吗？我们“成就用户”的价值观是口号还是真正的信仰？我们的价值观落地在数字化战略、数字化组织、数字化流程上了吗？

我们经常能看到很多企业在做数字化时，嘴上喊的是数字化“成就用户”，但表现出来的是要通过数字化提高利润、增长业绩，结果企业全员所表现出来的思维逻辑和行为都是利己的，以利润为导向。企业忘记了一个最根本的问题：数字化成就用户是因，企业增长或利润增长是果。人人都知道种瓜得瓜、种豆得豆的道理。数字化飞轮一是个圆圈，起点就是终点，起点是因，终点是果。作为企业经营者，我们一定要在因上努力，果上反省。

2013 年，行动教育在做数字化时，也经历了一次使命和价值观的升级。当时行动教育出现亏损，创始团队分崩离析，我从董事长的位置走向前台，出任总经理，这时候我回到了本质上进行思考：行动教育到底是一家什么样的企业？

我是一个连续创业者，1985 年做跆拳道，1991 年做风驰传媒。2001 年，我在全国巡回演讲时接触到企业家这个群体，那时候我的内心就被种下了一颗种子：未来要从事教育行业。出任行动教育总经理时，恰逢做数字化的当口，我们决定借数字化转型升维企业的使命：行动教育不应该做培训，应该做教育。培训和教育的区别在哪里？培训讲短期，讲即时，讲技能；教育讲长期，讲人，讲本质。后者是一个长期性的、以人为导向的事业，前者则以技能为导向，这是它们本质的不同。

作为一家做教育的公司，我们就要超越利润的追求，重塑使命，把所有的一切导向成就用户。所以，教育的定义不应该是一堂课，而是站在一个更高的台阶上，去帮助企业经营者或管理者提升能力。作为一名企业经营者，我体会过掉坑的代价，更深知爬坑的艰难。如果能够帮助更多像我一样的人，去激发这群人的梦想，推动他们用产业报国，这将是一个能够改变世界的伟大事业。因为每一家企业的成功，都关乎成千上万个家庭的幸福，关乎整个社会经济的发展。基于此，我们把行动教育的使命升级为“让实效改变世界”，我们要打造世界级的商学院。

基于新的使命，我们重塑了企业的价值观：从利己主义转为用户主义，提出了“诚信为本，实效第一”的核心价值观。

“成就用户”的价值观只是一种理念，企业如何把价值观传递下去，让企业全员内化于心呢?

我们总结了价值观六层渗透法，从价值观—原则—准则—场景—动作—奖罚，层层分解，逐项落地。

我们首先将“诚信为本，实效第一”的价值观分解为 10 项原则，这 10 项原则又被细分为 30 项准则，并落实到具体场景；然后基于场景，把动作界定出来，究竟哪些动作是对的、哪些动作是不对的；最后基于这些动作，严格、分明地执行奖罚。总之，6 个层级里，每一个层级都完全以成就用户为导向。同时，我们还专门设置了一个价值观电网——3 大纪律、18 项注意，员工触犯其中任何一条，都会被开除并追究法律责任。

以“不说假大空话”的价值观来举例具体的应用场景。有一位销售员在 CRM 系统中建了一个虚假用户，企业名及电话都是不存在的。这名员工借着这个虚假用户，多次不到岗，并在 CRM 系统中填写拜访记录。后来这名员工在 CRM 核查数据的真实性时被核查出来，企业给予了这名员工辞退的处理。

企业要在数字化飞轮上取得成功，要以用户心为心，先有用户的成功，才有企业的成功。企业要先义后利，要延迟满足，把成就用户融入自己的价值观，并且通过反复教育，将这种价值观传递给所有员工，使员工内化于心，做到同心同德。

领导示范化：同心同行

企业落地“我心即彼心”的第二条路径是领导示范化。

领导示范化是说企业经营者要以身作则，带头遵守并践行成就用户的价值观，为员工树立榜样，号召员工“向我看齐”。

企业的三观是“企业家三观”的转化、升华、验证。如果一名企业经营者只想成为腰缠万贯的商人，那么他领导的企业最后可能会成为一家利润至上的企业。用稻盛和夫的话来说，就是“公司的规模超不出经营者的器量”。

正人务必先正己，治人必先自治，责人必先自责，安人必先修己。作为企业的经营者或管理者，我们的一言一行、一举一动都对员工具有教育性、示范性和影响力，时时处处都起着耳濡目染、潜移默化的作用，率先垂范、以身作则是形象化的教育，是实践者的行为，像无声的命令，具有极大的说服力。

正如《亮剑》里的李云龙，他的武功比少林寺出身的和尚强吗？文化程度比北大毕业的政委赵刚高吗？智慧比黄埔军校毕业的楚云飞更胜一筹吗？都没有！那为什么士兵愿意追随他？原因就是他做到了领导示范化。在打仗的时候他没有说过一次“给我们上”，反而每次都是他冒着枪林弹雨，第一个冲上去。

企业经营者在做成就用户的示范化时，做到这两部分内容，基本上就能起到言传身教的作用。

一是企业从上到下的资源配置全部指向了用户价值。

我们经常给员工讲西南航空的例子。这家企业所有的资源配置都基于给用户省钱的核心价值，在飞机的配置上，西南航空不购买飞机，只租赁节能降耗、装载人数最多的飞机；在机场的配置上，西南航空选择的都是价格低廉的老机场；在舱位配置上，西南航空不开设商务舱和头等舱；除此之外，西南航空不提供餐饮和行李托运服务，不允许票务代理企业从中渔利，采用低底薪加高绩效模式，设计用户在旅程中的快乐体验……西南航空从上到下，全部的资源配置都以成就用户为导向。

在行动教育，领导人的以身作则不是唱高调，行为比语言更重要。举个小例子，在用户上课的阶梯教室，每平方米的装修费用为 5 000 元，而在我们自己的办公室，每平方米的装修费用仅为 2 000 元。因为我们要把最好的资源配置给用户，这就是成就用户的一致性。无论我们从多么细小的角度切入，企业从上到下所有动作都是一致的，都指向成就用户。

二是企业经营者要率先垂范、亲自打样，建立标准、建立机制、持续追踪，才能保证价值观的落地效果。

在行动教育，我们用的一个抓手是“晨会”。晨会上怎么做？

第 1 步：我们亲自拟定企业文化体系和独一无二的用户价值介绍，下发全员熟记，并亲自解读、宣导，明确地告诉员工——我们希望成为一家什么样的企业？我们想和什么样的人一起工作？我们弘扬什么？我们反对什么？

第 2 步：每日晨会由部门管理者牵头，选定一位轮值成员，该成员对照文化价值体系中的每一条行为标准，结合自身实际工作做出深刻反省，反思不足和差距，并拿出改进计划。

第 3 步：部门管理者要对成员的改进计划建立监督机制，确保每日改进落实到位。

这样做的目的是让企业全员对照“成就用户”反思和检讨自己的工作，让所有人不断自省：我们是否以用户心为彼心？我们还有哪些值得改进的空间？

企业经营者或管理者以身作则，将用户主义的价值观内置在日常工作中，落实到每个实际场景，并不断反思，每日改进，才能上行下效，将用户主义渗透到企业的灵魂中，渗透到每一个人的血液中，做到同心同行。

人力资源化：同心同向

企业落地“我心即彼心”的第三条路径是人力资源化。

人力资源化是通过价值观选拔人才，这是左入口；通过价值观淘汰人才，这是右出口。我们要用成就用户的价值观作为标尺，打通入口和出口。

价值观是一个“筛子”，企业要以“成就用户”的价值观作为选拔数字化人才的标准。人才的标准是德才兼备，德的本质就是价值观。企业千万不能只盯着业绩和能力，从而忽略了价值观，因为价值观是前提。企业只有把握住了成就用户的入口，才会有成就用户的一致性。只有价值判断一致了，才能保持内心的一致性，而内心的一致性又决定了行为的一致性。

对于进入企业的员工，企业要用价值观去感召他，帮助他建立用户主义的信仰。如果在这个环境中，他还是不认同，企业要建立制度来约束这类人。最后，约束都达不到效果，那我们就要淘汰他，把他从环境中清除出去。

右出口犹如一把刀，这把刀指向的是触犯了企业价值观的人，谁做了违反价值的事，这把“刀”就会“砍”向谁，即便他对企业的贡献很大，也不能幸免。因为如果企业不淘汰他，他会变成一棵“毒草”，影响整个企业成就用户的一致性。

这就是人力资源化的逻辑，要么我们主动成功，要么被动成功。最后的目标是把用户主义变成每个人的信仰。在他们面对客户的时候，成就用户，“我心即彼心”要成为员工潜意识里的第一反应，达到同心同向的目的。

行政化：同心同力

企业落地“我心即彼心”的第四条路径是行政化。

“行政化”是指企业通过日常化、视觉化把成就用户渗透到全体员工的日常行为中去，做到外化于行。

“日常化”是“三每三对照”，即每人、每天、每件事都要做到反省、落地和改进。在具体的实施中，企业可以借助“两会一本”——晨会、夕会和管理日志去落实它。

具体来说，在每天的晨会、夕会上，团队中的每个成员都要对照价值观及“六层渗透”相关内容认真进行反省。比如，一个团队中有8名员工，那么第一天可以由第一位员工反省价值观“六层渗透”内容的第一条，第二天可以由第二位员工反省第二条，以此类推，循环反复，反省、反省、再反省。

并且，在反省的过程中，员工还要做到具体、实际、有内容。比如，当员工在反省“不说假大空话”这一条时，要仔细想想在过去的工作中，自己究竟有没有过类似的举动，如果有，那么这类举动发生在什么时候、什么原因导致的。只有找到具体原因，员工才能有的放矢地进行改进。

总之，反省就是员工要列举自己没有做到的事情，它强调的不是表扬，而是通过反省去改进。在日复一日的反省中，员工就会距离正确价值观越来越近。

“视觉化”是企业把价值观列入《员工手册》和日常员工行为规范制度中，以达到检查、监督、执行的目的。企业一旦发现员工做出了不符合或违反价值观的行为，就要立即做出严肃处理，绝不姑息。同时，企业还要建立识别系统，即统一企业识别系统，导入企业整体形象设计，比如纸、笔、信笺、名片等。

最终，在“上、下、左、右”的严格执行下，企业全员形成了成就用户的价值观，以用户心为企业心，促使企业实现上下一致，同心同德、同心同行、同心同向、同心同力，循环往复，生生不息。

关机即开机

通过数字化飞轮，我们已经完成了企业的数字化转型，此时企业的人、财、物、销都已经实现了数字化，企业开始用数字化做决策、做管理，企业全员从语文思维转为数字化思维。从某种程度上来说，企业这一轮的数字化做完了，表面看起来此时的数字化处于“关机”状态。

从另一个维度来说，它是开机的，它在自循环。数字化飞轮一旦启动了，就停不下来，就像我们睡觉一样，我们睡着了，但身体没有停止运动。数字化飞轮也是如此，企业所有的数据会在系统里自动运行、运算。数字化飞轮是生生不息的，它在螺旋上升，循环往复。这就是“开机即关机”。

数字化时代的基本特征之一是技术不断被快速迭代甚至颠覆，技术的迭代速度与工业化时代相比变得更快、更难把握。我们去年做完的数字化飞轮，今年可能已经过时，今年的数字化飞轮也一定会在几年后被其他新技术取代。因此，数字化飞轮的“关机”就是新一轮数字化的“开机”。

2013 年，可以说是行动教育数字化转型元年。那一年，我们率先举起管理变革和数字化转型的大旗，经过三年左右的时间，我们完成第一轮数字化飞轮。从此，我们的数字化飞轮开始了长达数年的一系列迭代变革。行动教育的数字化学习平台从刚开始建成使用，经过十余年的持续迭代，其版本已经迭代了不下 10 次，在这样的不断迭代、不断地关机开机之下，我们的数字化不断完善和进步，一直支撑企业新的战略，行动教育在 2021 年成功上市。

企业的本质是迭代

“开机即关机”的第一个要点是迭代。

46 亿岁的地球，用了 40 多亿年才孕育出生命，又过了 1 亿多年，这个星球上诞生了人类的祖先，数十万年后，距今 6 000 多年的人类创造了文明，5 000 多年后，第一次工业革命刷新了人类文明的更新速度，自此，人类仅花费 100 多年的时间就摸到了现代科技的脉搏，一直到近 30 年，全球的科技成果甚至已经远远凌驾于历史文明总和之上。

回看中国，改革开放 40 多年来，“翻天覆地”或许是最适合我们国家发展变化的词语。10 年前，谁又能想象得到，我们每一个普通人的生活，将被智能手机、面部识别系统、二维码支付功能等高精尖的科技包围？“天涯若比邻”不再是文学创作中的祝福与安慰，那些车、马、邮件都很慢的日子也成为历史。

时代飞速变化的本质其实在于科技超倍数的迭代。有数据统计，2008 年手机品牌榜单上的前六名，在 10 年后就已经全部从榜单上消失，而带来这种急速变化的，正是处于持续迭代中的核心技术——芯片性能每 18~24 个月就会翻番，AI 算力更是每 3.43 个月就会翻倍，自 2012 年起，AI 算力在 6 年时间里就增长了30万倍以上，完全超过摩尔定律（12倍的增长）。

我们可以看到，大到人类文明的发展、国家的进步，小到手机品牌的更替，每一段飞速发展的进程背后，都有科技迭代的身影。正如那6个消失的手机品牌，企业一旦没跟上科技迭代的速度，出局就基本是定局。曾经的软件巨头甲骨文，就因为坚持将重心放在传统数据库上，轻视了云计算技术，导致它被曾经的各大客户抛弃，即便其中之一的阿里巴巴给出了近4 000万元的天价“和解费”，也没能扭转局面——一切的源头就在于越来越多的企业用户开始用云数据中心取代传统数据库。

上市后创造了40天36个涨停神话的电脑播放器——暴风影音，也因为在互联网从PC（个人计算机）时代迁移到移动时代时跟不上迭代速度，慢慢退出了播放器主流市场。即便是民生核心——银行，也逃不过“被淘汰”的危机。它们在顺应时代的需求，寻找金融科技的路子，希望通过线上线下相结合的模式应对日益严重的金融脱媒。要知道，货币数字化带来的时代冲击，正在让拥有百余年历史的全球最大印钞厂濒临破产。科技迭代的威力在这些事实面前可见一斑。

为什么科技迭代会有如此大的威力呢？一方面，科技迭代往往会让被迭代的企业产品价值趋近于零。比如20世纪70年代，晶体管电视机取代了电子管电视机，但很快，它又被集成电路电视取代。一旦某项科技出现了颠覆性的创新，原来的技术就会大打折扣，甚至趋于清零。

另一方面，科技的迭代许多时候也意味着用户的消费需求与消费方式正在经历迭代，这又反过来决定了企业的供给选择。

根据达尔文的《物种起源》，在这个世界上，从来都不是那些最强壮的物种生存，也不是那些最聪明的物种生存，而是那些最能适应变化的物种生存。适者生存，这对企业与企业经营者而言同样是真理。企业的本质是迭代，数字化的本质同样也是迭代，或许企业的长寿之道就是把握住“迭代”时代。

在与诸多中小企业交流的过程中，我们发现很多企业做完了一轮数字化后就停下来了，过个一年半载后，它们慢慢发现企业的数字化已经不能支撑现在的业务，或者发现企业的数字化根本无法为企业经营者提供决策依据……为什么会出现这些问题呢？原因就是企业不懂迭代。

数字化飞轮转完一圈，再往下，企业根据市场环境和业务需求，又要做出新的数字化战略，搭建新的数字化组织，按照数字化流程进行，然后继续迭代企业的数字化飞轮。整个数字化飞轮是循环往复的，是持续迭代的。如果哪一天企业根据市场环境，能够做元宇宙了，那么企业的数字化飞轮也要按照元宇宙进行迭代。

企业的数字化飞轮成形后，企业经营者要思考的就是如何加速飞轮的转动。飞轮的转动要求各个环节按序进行，相互支撑，只有其中的每一个构件都有较强劲的势能，才能让飞轮稳定、快速地转动。假设飞轮有 10 个构件，按照 10 分制评估每个构件的运转效果时，10 个构件中有 9 个构件得分都在 8~10 分的范围内，剩下的那个构件拿到了最低分 4 分，那么，我们整个飞轮的运转效果也就只有 4 分。这与管理学中的木桶效应同理。因此，想要让飞轮加速、不浪费资源，我们至少要将 4 分的构件提升到 8 分。

一个顺利转动起来的飞轮，它的设计理念一定紧紧围绕着持续性与能被不断迭代这两个特性。原因之一是飞轮要发挥自己的整体效果离不开长期的坚持；另一个原因就是飞轮的持续转动离不开每个构件的迭代。

美国管理学家吉姆·柯林斯曾在《基业长青》一书中提到，一家能做到基业长青的企业，不会接受用“非此即彼”的二选一态度解决问题，它的企业经营者往往喜欢选择“兼容并蓄”的方式，喜欢寻找“此”与“彼”兼而有之的问题解决方案。这种态度也适用于我们所追求的飞轮效应，因为它既要能长期坚持下去，又要能接受持续不断的优化。

所以，企业的数字化飞轮一定要持续地迭代，不迭代，我们可能做完一轮企业的数字化，过三五年，甚至是一年，企业的数字化就跟不上时代，或支撑不了业务发展了。

循环往复，生生不息

如果企业的数字化飞轮减速或不再转动，那么可能的原因有两个：一是虽然数字化飞轮拥有良好的基础，但企业并未能将数字化飞轮的方向和理念执行下去，或者没有及时对数字化飞轮各个构件进行升级，使数字化飞轮最终失去了活力；二是早期的数字化飞轮逻辑已不再符合现实情况，这时必须对数字化飞轮存在的问题进行准确的诊断，必要的话需要对飞轮进行彻底的改变。

经历三五年时间之后（也许仅仅是一两年），企业的数字化飞轮可能会发生显著的变化。此时，企业可以更换数字化飞轮的“构件”，比如修改或删除部分数字化系统。例如，一家个人信息公司的数字化飞轮可能面临数据泄露的威胁。高管团队意识到需要增加一个专门防止数据泄露的数字化软件用来保护用户隐私，赢得用户信任。虽然当时数字化飞轮已经走完了两轮，但如果没有这个重要的“新构件”，企业也会濒临崩溃。

话虽如此，如果企业认为必须不断地对数字化飞轮的顺序和构件做出重大变革，很可能我们一开始就误解了数字化飞轮。一个卓越的数字化飞轮如果停止运作，那么并不是因为数字化飞轮的逻辑和流程丧失了潜力或彻底失效了，其原因往往是执行不当，或者是因为没有在良好的数字化飞轮架构基础上进行迭代与优化。

卓越的企业是如何迭代飞轮的？在前面的内容里，我们知道了微信的迭代史，如今微信还在一次次地迭代着，接下来微信会怎么走，会如何“改头换面”，我们尚不明了，但它的过去足以让我们看到不断迭代中的产品如何收获神话级的成长——我们从微信的迭代成长中看到了迭代的变与不变。

数字化飞轮迭代，无论迭代多少轮，不变的是以用户为中心，是以成就用户为终点。微信的每一次迭代，都是基于用户的需求，以用户为中心，而不是技术上的“自嗨”。数字化系统是数字化迭代的结果，不是目的。数字化迭代的真正目的是成就用户，提升用户 100 倍价值。

数字化飞轮迭代，变的是通过数字化技术让产品更能为用户提升价值。如何做到这一点呢？我们可以借鉴微信迭代的方法——反向迭代，遵循“少即是多”的原则。

微信将产品越做越精，并非越做越大的关键在于，将多个复杂功能整合成极简形式呈现给微信用户。张小龙在讲解“少即是多”的设计原则时便以微信摇一摇功能为例说明：“在界面里面没有任何的按钮，没有任何的菜单，也没有任何的其他入口。只有一个图片，然后这个图片只需要用户做一个动作，就是摇一摇。”

这种大道至简的产品设计理念也体现在微信语音的延伸功能上。通常来说，用户“取消语音发送”的需求容易被拆解成

“输入语音—发送—取消发送”三步动作，可微信将其整合为了“长按输入—松开取消”这一连贯动作。

产品的本质是满足用户需求，一如张小龙曾在《微信背后的产品观》中分享过的一句话：“如果解决方式太复杂，那一定是问题错了。”我们满足用户需求的所有方式中一定会有一种最简单、最符合使用习惯的方式，如果我们要为了一个需求设计繁复的功能，那一定是我们错过了真正的用户需求。

纵观微信 11 年来的近百次迭代，它始终保持着又“快”又“稳”的小步快走姿态前进着，从未在市场的浪潮中被竞品“淘汰”，除了腾讯雄厚实力的支撑，产品团队布局时的耐心与远见同样重要，而后者也是最值得每一位企业经营者思考的问题。

回顾我们研究过的卓越企业做数字化飞轮迭代的历程，我们据此得出了一条清晰的定律：市场中的大赢家都是将数字化飞轮从 10 圈推到上千圈的企业，也就是说这些企业开机关机了数 10 次，甚至上千次，而不是那些启动数字化飞轮后只推动了一两圈，然后就开始寻找新飞轮的企业。当企业迭代飞轮转到 10 圈时，应继续推到 100 圈，然后继续推进，奔向 1 000 圈、10 000 圈、百万圈甚至千万圈，永远不要停下，除非企业慎重地考虑并真正决定放弃这个飞轮。

无论是坚决地退出，还是孜孜不倦地迭代数字化飞轮，永远都不要忽视我们的数字化飞轮。每一圈我们都需要创新和固守，就像第一次转动飞轮时那样充满热情，永不停歇，永葆动力。如果我们坚持如此，那么我们的组织将远离《再造卓越》中描述的衰退，甚至可以成为极少数实现从优秀到卓越的企业，并基业长青。

后记

写到这里，想再次强调一下我们在看这本书时应该以什么样的思维方式来看，或者说，企业在做数字化时，应该以什么样的思维方式来做。

《数字化飞轮》这本书的定位是一本管理类书，它并不是一本数字化技术方面的书，我们应该以管理视角，做管理的思维方式来看这本书。同理，企业的数字化转型，不仅是技术方面的升级，更是企业文化、思维上的转变。

那么，企业做数字化，最需要转变的是什么思维?

企业最需要转变的是从管理思维到用户思维。企业数字化，本质是通过数字化技术手段，重新定义企业的业务模式和操作流程，把原有业务系统中的数据打通，利用技术手段赋予企业新的业务创新能力。

在这一过程中，企业需要从思想上认识到数字化转型的必要性以及了解转型所需的方法手段，一个成功的数字化转型并非始于技术，而是以成就用户为中心的终点和起点来彻底改革组织，从而提升用户价值。

信息化时代，企业经营者、管理者大多是管理思维。其主要的思维方式是通过管理工具把企业的各个环节、动作都管起来，所要体现的信息化管理目标是管好。这样的思维不是用户思维，没有考虑用户的价值，而是更多关注管理者的思维。

如今是用户时代，管理思维已经不能有效地提升用户价值，此时我们需要借助数字化技术手段，通过数字化建设，打破以往的管理思维，既能提升用户价值，成就用户，又能保证管理效率。

最后，我再强调一下：数字化只是企业的工具，用于提升用户价值，是成就用户的工具。我们要避免“一切皆可数字化”的过度思维。我们的中华优秀文化认为“过犹不及”，意思是说万事万物皆有中道，中道即天道、天理。所以，凡事皆要合乎天理，适度而为，过与不及皆不可取。创新科技的发展也不例外。

通过调研、观察，我们发现用户真正需要的不是“数字化”本身，不是带有多少炫技的科技产品，而是“更方便”“更愉悦”“更安全”“更好的体验”等，科技的智能化无非是实现让用户安心的工具和途径。例如，市场上不少电饭煲设计了很多炫技的功能，如炒菜等，但大多数人使用电饭煲只是用来煮饭，其他功能一年也用不上几次，甚至从没使用过。

所以，我们认为，从目前的技术和企业管理的视角看，“一切皆可数字化”至少现在不太可能，特别是对企业来说，最难数字化的是人的行为、大脑的思维和创新决策的非理性。

我们必须坚持“合理有度”的适用原则，避免过度地使用数字化，本末倒置，非但没有成就用户，反而增加用户的烦恼。同时，对中小企业来说，过度使用数字化，会导致我们在上面投入巨大的人力和物力，最后的结果可能是非但没有成就用户，反而让企业走入绝境。

数字化与做企业、做人是同样的道理，什么是企业在数字化的过程中应该坚持的原则，什么是不能做的，这是企业在做数字化时需要思考的问题。

中华优秀文化里“合乎天理”的智慧，提醒企业科技创新“过犹不及”，凡事适度而为，做过了头就会出现反生反克。如哈耶克在《通往奴役之路》中所言：“如果我们要建成一个更好的世界，我们必须有从头做起的勇气——即使这意味着欲进先退。”

凡是过往，皆为序章。读完这本书，它将成为我们成就用户的起点。